400 Capsules linguistiques II

Guy Bertrand

400 Capsules linguistiques II

LANCTÔT ÉDITEUR
4703, rue Saint-Denis
Montréal, (Québec) H2J 2L5
Téléphone : (514) 680-8905
Télécopieur : (514) 680-8906
Adresse électronique : info@lanctot-editeur.com
Site Internet : www.lanctot-editeur.com

Photo de la couverture : Patrice Bériault
Conception de la couverture et mise en page : Roxane Vaillant
Caricatures : Dupras
Correction : Madeleine Allard

Distribution : Prologue
Téléphone : (450) 434-0306 / 1-800 363-3864
Télécopieur : (450) 434-2627 / 1-800 361-8088
Distribution en Europe : Librairie du Québec
30, rue Gay-Lussac
75005 Paris, France
Télécopieur : 01 43 54 39 15
Adresse électronique : liquebec@noos.fr

Nous remercions le ministère du Patrimoine canadien et le Conseil des Arts du Canada de l'aide accordée à notre programme de publication. Nous remercions également la SODEC, du ministère de la Culture et des Communications du Québec, de son soutien. Lanctôt éditeur bénéficie du Programme de crédit d'impôt pour l'édition de livres du gouvernement du Québec, géré par la SODEC.

© Lanctôt éditeur, 2006
© Radio-Canada, 2006
Auteur Guy Bertrand
Dépôt légal — 1er trimestre 2006
Bibliothèque et Archives nationales du Québec
Bibliothèque nationale du Canada
ISBN 2-89485-347-5

À ma mère Denise.

Préface

Jamais je n'aurais imaginé retourner sur les bancs de l'école. Surtout pas pour y réapprendre le français, une langue avec laquelle, même si parfois elle sort de nos échanges écorchée, je gagne ma vie depuis toujours.

Et puis voilà que Guy Bertrand est entré dans ma galaxie. L'ayatollah de la langue, que j'ai baptisé ainsi justement parce qu'il n'en est pas un, exerce à Radio-Canada, avec une extrême délicatesse, le dur métier de linguiste. Un jour, à *C'est bien meilleur le matin*, l'émission que j'anime sur la Première Chaîne, nous avons eu l'idée de lui demander son avis sur des débordements de langage qu'on constatait – ou, pire encore, auxquels on se livrait.

Cette collaboration dure toujours. Car, pour un distrayant gaminet destiné à remplacer dans les conversations de toute la francophonie le mot t-shirt (on ne peut pas parler d'un triomphe…), il nous a éclairés sur le vrai sens d'une foule d'expressions parfois d'un simplisme confondant, parfois d'un exotisme certain.

Ainsi, en feuilletant ce concentré de bons mots, vous découvrirez si le zappeur zappe plus vite avec une zapette, si les rôties sont plus françaises que les toasts, si on doit parler de la Birmanie ou du Myanmar.

Et si l'ayatollah de la langue est aussi distrayant à lire qu'à écouter

René Homier-Roy

1 — Mettez-vous du ketchup sur vos bines ?

Comme on peut s'en douter, l'anglicisme «bine» appartient à la langue familière. Selon le cas, le mot anglais *bean* se traduit par haricot ou par fève. Ces deux mots désignent des plantes différentes. On peut manger les graines et la cosse des haricots, mais dans le cas des fèves, seules les graines sont comestibles. En réalité, les légumineuses déshydratées qui entrent dans la préparation de nos traditionnelles fèves au lard ne sont pas des «fèves», mais bien des **haricots secs**. Pourtant, l'usage n'a pas encore consacré le terme **haricots au lard**. En fait, le terme **fèves au lard** est considéré comme un régionalisme de bon aloi.

Enfin, le mot anglais **ketchup** est accepté en français pour désigner la fameuse sauce à base de tomates, que nos voisins du Sud utilisent, c'est le cas de le dire, à toutes les sauces !

2 — Une grafignure est-elle plus sérieuse qu'une égratignure ?

Le verbe **grafigner**, qui est encore très vivant chez nous, est considéré comme archaïque dans les autres pays francophones. Étonnamment, **grafigner** a la même origine que les mots **greffe**, **greffer** et **greffon**. On peut utiliser **grafigner** dans la langue familière, mais dans la langue soutenue, il est toujours préférable d'avoir recours à des équivalents plus modernes comme **égratigner**, **érafler** ou **écorcher**.

Au lieu de dire…	On dira plutôt…
J'ai grafigné mes lunettes.	J'ai ÉGRATIGNÉ mes lunettes.
J'ai grafigné le bout de mon soulier.	J'ai ÉRAFLÉ le bout de mon soulier
Je me suis grafigné le genou en tombant.	Je me suis ÉCORCHÉ le genou en tombant.

Et bien sûr, on peut toujours remplacer **grafignure** par **égratignure**, **éraflure** ou **écorchure**.

3 — Faut-il être fumiste pour réussir un coup fumant ?

De nos jours, le mot **fumiste** désigne un mystificateur, une personne qu'on ne peut pas prendre au sérieux ou encore un imposteur pas très subtil, qu'on peut facilement identifier. À l'origine, le fumiste était une personne qui installait et réparait les appareils de chauffage. Dans un vaudeville du XIXe siècle, il y avait un personnage de fumiste qui se plaisait à jouer des tours pendables à tout le monde. Après chaque farce, il se retournait vers le public et disait : « C'est une farce de fumiste ! »

Quant à l'expression **coup fumant**, elle désigne une manœuvre très adroitement réalisée. Ce terme est un emprunt à la langue du billard. Au billard, on appelle **bloc fumant** un coup par lequel le joueur bloque la bille en faisant un petit nuage de poussière.

4 — Peut-on vraiment se retourner sur un dix cents ?

Disons d'abord qu'on ne devrait pas dire « un dix cents », mais plutôt **UNE PIÈCE DE DIX CENTS**. La raison est bien simple : en français, on ne doit pas placer un article singulier devant un mot pluriel. Par exemple, au lieu de dire : J'ai attendu « un gros trente minutes », il est plus juste de dire : J'ai attendu **TRENTE BONNES MINUTES** ou encore j'ai attendu **UNE BONNE DEMI-HEURE**.

Le verbe pronominal **se retourner** peut signifier **changer de ligne de conduite pour s'adapter à des circonstances nouvelles**. En revanche, l'expression populaire « se retourner sur un dix cents » est un calque de l'anglais. On évitera de dire : La situation a changé subitement et j'ai dû « me retourner sur un dix cents ». On dira plutôt : La situation a changé subitement et j'ai dû **ME RETOURNER RAPIDEMENT**.

5 — Doit-on parler de la levée du jour ou du lever du jour ?

Il ne faut pas confondre le mot **lever**, qui est masculin, et le mot **levée**, qui est féminin. Dans la langue des postes, la **levée** est l'action de recueillir les lettres dans la boîte commune pour les trier et ensuite les distribuer à leurs destinataires.

Pour désigner le moment où le jour se lève, on parlera plutôt du **lever** du jour. En français, les verbes à l'infinitif utilisés comme substantifs sont toujours masculins. En cas de doute, il suffit de penser au coucher du soleil. Puisqu'on dit **LE** coucher du soleil, il est logique de dire **LE** lever du soleil et, bien sûr, **LE** lever du jour. D'ailleurs, s'il fallait parler de « la levée du jour » il faudrait aussi dire « la couchée du soleil » !

6 — Le golf est-il un sport sexiste ?

Contrairement à la croyance populaire, le mot **golf** n'est pas l'acronyme de la locution anglaise *Gentlemen Only, Ladies Forbidden* (messieurs seulement ; interdit aux dames). Cette explication anecdotique de l'origine du mot **golf** n'a jamais été attestée et on suppose qu'elle est relativement récente. On sait que ce sport existait déjà au XVe siècle et que **golf** serait probablement un vieux mot qui désignait une sorte de bâton.

Il faut dire, toutefois, que tous les spécialistes ne s'entendent pas quant à la provenance exacte du mot **golf**. Parmi les origines possibles, il y a le verbe écossais **gowf** (**frapper**), le vieux mot néerlandais **colve** (**bâton**) et les termes scandinaves anciens **kolf** et **kolfr** (**bout** et **tige**).

7 — Les overpass et les viaducs sont-ils des passerelles ?

Précisons tout d'abord qu'« overpass » est un anglicisme à éviter. **Viaduc** est un mot correct, mais il ne désigne pas vraiment un petit pont qui enjambe une autoroute. Un **viaduc** est un pont très long, qui sert au passage d'une route ou d'une voie ferrée au-dessus d'un ravin ou d'un grand cours d'eau. Chez nous, toutefois, on utilise le mot **viaduc** pour désigner une structure qui permet à une route de passer au-dessus d'une autre route, d'un petit cours d'eau ou d'un obstacle quelconque.

Sans être franchement condamnable, cette acception du mot **viaduc** est considérée comme régionale. Les termes recommandés pour décrire ce type de structure sont **passage supérieur** ou **saut-de-mouton**. Quant à la **passerelle**, il s'agit d'un petit pont étroit qui permet aux piétons de franchir une route.

8 Peut-on vraiment briser des lois, des règles et des engagements ?

Lorsqu'on l'associe aux mots **loi**, **règle** ou **engagement**, le verbe « briser » est considéré comme un anglicisme. En français, on **VIOLE** ou on **ENFREINT** une loi. On peut également dire qu'on **CONTREVIENT À** une loi. De même, on ne « brise » pas des règles. On **TRANSGRESSE** des règles ou on **CONTREVIENT À** des règles. Enfin, au lieu de dire qu'on « brise » un engagement, on dira plutôt qu'on **MANQUE À** un engagement. Et bien sûr, on peut aussi utiliser une tournure négative et dire qu'on **NE RESPECTE PAS** un engagement ou qu'on **NE TIENT PAS** un engagement.

En revanche, il est tout à fait correct de dire qu'on **brise une alliance, une amitié** ou **un ménage**. Et plus rarement, on dira qu'on **brise un entretien** ou **une correspondance**.

9 — Est-il prudent d'utiliser un échafaud pour peindre un mur ?

Il est très imprudent d'utiliser un échafaud pour peindre un mur puisqu'un **échafaud** est une estrade où on exécute les condamnés à mort ! Pour désigner la plate-forme qu'on utilise pour effectuer certains travaux de construction ou de maintenance des bâtiments, c'est le mot **ÉCHAFAUDAGE** qu'on doit employer. La confusion vient probablement du fait qu'**échafaud** avait autrefois le sens d'**échafaudage**.

10 — Courez-vous la prétentaine, le guilledou ou la galipote ?

Prétentaine viendrait du vieux mot **pretintaille**, qui désigne une parure féminine. Courir la prétentaine, c'est courir les jupons. **Guilledou** vient de l'ancien verbe **guiller** (qui signifiait **tromper** ou **séduire**) et de l'adjectif **doux**. Une douce tromperie, en quelque sorte !

Quant à l'origine de l'expression **courir la galipote**, les avis sont partagés. Certains supposent que le mot **galipote** viendrait de **galoberie**, un mot archaïque qui signifiait **débauche**. D'autres croient que la **galipote** était une sorte de loup-garou. Quand ils voulaient sortir le soir, les hommes mariés disaient à leurs femmes qu'ils allaient courir la galipote. Et pendant ce temps-là, les dames recevaient peut-être d'autres hommes qui couraient la prétentaine ou le guilledou !

11 — Y a-t-il un rapport entre le verbe boire et les mots pourboire et déboires ?

Le **pourboire** est une gratification, c'est-à-dire une somme qu'on offre à un salarié en sus de ce qui lui est dû. On dit qu'à l'origine, cette somme était tout juste ce qu'il fallait pour se payer une consommation. Autrement dit, on remerciait quelqu'un pour la qualité de ses services en lui donnant un peu d'argent… pour boire !

À l'origine, on appelait **déboire** l'arrière-goût désagréable que laissait dans la bouche une boisson (généralement une boisson médicamenteuse). Avec le temps, on s'est mis à utiliser **déboire** au figuré, dans la langue littéraire. Un **déboire** était, en quelque sorte, une **désillusion**. De nos jours, le mot **déboires** est toujours pluriel et il désigne une suite d'épreuves ou d'événements pénibles.

12 — Une célébrité a-t-elle plus de prestige qu'une personnalité ?

En fait, les deux mots sont pratiquement synonymes. Une **célébrité** est une personne illustre, reconnue pour ses mérites par un très grand nombre de personnes. En revanche, une **personnalité** est une personne en vue, remarquable par sa situation sociale ou ses activités. **V.I.P.** est l'abréviation anglaise de *very important person*. Les **V.I.P.** sont des personnages de marque. On emploie parfois ce sigle pour désigner une personne qui a une importance ponctuelle. En effet, une personne ordinaire dans la vie de tous les jours peut être **V.I.P.** dans une situation particulière.

Pour sa part, la **vedette** est une personne qui jouit d'une grande renommée dans le monde du spectacle ou des médias. Enfin, le mot anglais **star** est traditionnellement réservé aux grandes vedettes du cinéma.

13 — Peut-on utiliser des tables tournantes pour faire jouer des longs-jeux ?

Les **tables tournantes** appartiennent à l'univers des sciences occultes. Faire tourner les tables, c'est communiquer avec l'au-delà, en utilisant une table dont les mouvements sont censés transmettre des messages aux esprits. Dans le vocabulaire de l'audiovisuel, ce sont plutôt les termes **TOURNE-DISQUE** et **PLATINE** qu'il faut employer pour désigner les appareils servant à faire la lecture des disques de vinyle. Quant à «long-jeu», il s'agit de la traduction littérale du mot anglais *long-playing*. Pour parler de cet ancêtre du disque compact, on doit plutôt utiliser le mot **MICROSILLON**. Dans la langue technique, on utilise aussi le terme **enregistrement de longue durée**.

Combien y a-t-il de sillons sur un microsillon? Un microsillon ne comporte qu'un seul sillon qui parcourt en spirale toute la surface du disque.

14 S'enrichit-on lorsqu'on passe à la caisse?

Dans son sens premier, la locution **passer à la caisse** signifie **se présenter à la caisse d'un commerce pour payer la marchandise ou le service qu'on achète**. Au figuré, **passer à la caisse** peut également être synonyme d'**être congédié**. Rien de très payant!

On ne passe pas à la caisse pour recevoir de l'argent. Par exemple, avec la hausse des prix de l'essence, on ne peut pas dire que les pétrolières vont «passer à la caisse», bien au contraire! Il est plus juste de dire que les pétrolières vont **FAIRE DES AFFAIRES D'OR** ou que les pétrolières vont **FAIRE BEAUCOUP DE PROFITS**. Dans d'autres contextes, si on veut laisser entendre que les profits en question sont obtenus plus ou moins honnêtement, on peut remplacer «passer à la caisse» par la locution **SE REMPLIR LES POCHES**.

15 — Employez-vous un programme de chat pour chatter dans les chat-rooms ?

Le mot anglais *chat*, qui signifie **bavarder**, est employé dans beaucoup de langues pour désigner le fait de bavarder sur Internet avec d'autres utilisateurs, à l'aide d'un clavier d'ordinateur. Évidemment, les termes associés aux nouvelles technologies nous viennent presque toujours de l'anglais. Cependant, avant d'accepter d'emblée l'anglicisme « chat », il vaudrait peut-être mieux donner sa chance au néologisme **clavarder**. Le verbe **clavarder** est né de la fusion des mots **clavier** et **bavarder**. Autrement dit, **clavarder**, c'est **bavarder** au clavier.

Donc, « chatter », c'est **CLAVARDER** ; le « chat », c'est le **CLAVARDAGE** ; et le « chat-room », c'est le **CLAVARDOIR**. Vous n'aimez pas le **clavardoir** ? Alors utilisez le synonyme **salon** !

16 — Quand on est assis sur son steak, sur quoi est-on assis au juste ?

L'expression « être assis sur son steak » appartient à la langue familière. Dans la plupart des contextes, on peut remplacer cette expression douteuse par **ne rien faire, rester à se tourner les pouces, demeurer les bras croisés** ou **ne pas lever le petit doigt**. Et au lieu de dire, par exemple : Après avoir remporté trois médailles, le nageur « n'est pas resté assis sur son steak », il est préférable de dire que ce nageur **NE S'EST PAS REPOSÉ SUR SES LAURIERS**.

17 — Le bifteck est-il moins anglais que le steak ?

Ces deux emprunts à l'anglais étaient synonymes, à l'origine. Depuis quelques années, cependant, on a tendance à utiliser le mot **bifteck** pour désigner une tranche de bœuf destinée à être grillée et le mot **steak** pour désigner la tranche de bœuf déjà apprêtée et prête à servir. Autrement dit, le bifteck est un steak cru!

18 — Nos routes sont-elles chaotiques ou cahoteuses ?

Le mot **chaos** désigne une grande confusion ou un désordre sérieux. Par conséquent, l'adjectif dérivé **chaotique** qualifie ce qui est extrêmement confus et désordonné. Le mot **cahot** désigne le soubresaut que fait un véhicule en passant dans un trou ou sur une bosse. Contrairement à ce qu'on serait porté à penser, le **cahot** n'est pas le trou ni la bosse.

L'adjectif dérivé **cahoteux** est synonyme de **raboteux** et d'**accidenté**. Cet adjectif peut qualifier n'importe quelle surface plane, mais on l'utilise surtout en parlant d'une voie publique. Donc, au lieu de dire que certaines de nos routes sont « chaotiques », il est plus pertinent de dire que ces routes sont **CAHOTEUSES**.

19	A-t-on besoin de matière grasse pour graisser la patte à quelqu'un ?

Plus maintenant, mais autrefois, c'était bel et bien le cas ! Étrangement, cette expression familière qui, en français moderne, est synonyme de **soudoyer**, d'**acheter** et de **corrompre**, serait directement associée à l'Église catholique et au commerce de la graisse animale.

On raconte qu'au Moyen Âge, l'Église de Paris percevait une taxe sur la vente des produits du porc. Les autorités religieuses ont même organisé une sorte de marché aux jambons afin de pouvoir exercer un meilleur contrôle sur les ventes. Certains marchands peu scrupuleux essayaient de soudoyer les percepteurs dans l'espoir de payer moins de taxes. Pour amadouer le représentant de l'Église, le marchand lui glissait dans la main un morceau de viande bien grasse. C'est le cas de le dire, on graissait la patte aux percepteurs !

20 La pomme de terre a-t-elle plus de classe que la patate ?

Dans la langue de la botanique, on fait une distinction entre la **pomme de terre** et la **patate**. La **pomme de terre** est le tubercule un peu farineux qu'on mange souvent comme légume d'accompagnement en Amérique du Nord et dans certains pays d'Europe. La **patate**, en revanche, est un légume exotique à chair rosée, plus sucré que la pomme de terre. Chez nous et dans certaines régions de France et de Belgique, on donne familièrement à la pomme de terre le nom de **patate**.

Quant à la véritable **patate**, on l'appelle communément **patate douce**, sous l'influence de l'anglais. Dans la langue courante, il est tout à fait acceptable d'utiliser le mot **patate** pour désigner la pomme de terre et **patate douce** pour désigner la patate véritable. Par contre, l'appellation « patate sucrée » est un calque à éviter.

21 Faut-il être toffe pour toffer la ronne ?

L'expression populaire « toffer la ronne » et le verbe « toffer » nous viennent de l'anglais. En français, on utilisera plutôt les verbes **tenir**, **endurer**, **subir**, **tolérer** ou **supporter**.

Au lieu de dire…	On dira plutôt…
La corde n'a pas «toffé».	La corde n'a pas **TENU** ou la corde n'a pas **TENU LE COUP**.
«Toffe» encore, c'est presque fini.	**TIENS BON**, c'est presque fini.
Je ne peux plus «toffer» ça.	Je ne peux plus **TOLÉRER**, **ENDURER** ou **SUPPORTER** ça.
Elle a tout «toffé» sans rien dire.	Elle a tout **ENDURÉ** ou **SUBI** sans rien dire.

Enfin, selon le contexte, on remplacera l'adjectif fautif «toffe» par **FORT, DUR, ENDURANT, RÉSISTANT** ou **PERSÉVÉRANT**.

22 Faites-vous du wishful thinking ?

La locution anglaise *wishful thinking* n'a pas d'équivalent exact en français. En effet, on peut difficilement utiliser la traduction littérale de cette expression, en l'occurrence «pensée utopique». Il existe cependant quelques solutions intéressantes et tout à fait françaises pour rendre la même idée. Par exemple, au lieu de dire «tu fais du wishful thinking» à quelqu'un dont les attentes sont irréalistes, on peut dire à cette personne: **TU PRENDS TES DÉSIRS POUR DES RÉALITÉS, TU PEUX TOUJOURS RÊVER, TU AS LE DROIT DE RÊVER** ou encore **TU N'ES PAS RÉALISTE**.

Et au lieu de dire: «C'est du wishful thinking», en parlant d'une chose qu'on souhaite, mais qui n'est absolument pas réalisable, il est plus correct de dire: **CE SONT DES VŒUX PIEUX**. Par définition, un **vœu pieux** est un vœu sans aucun espoir de réalisation.

23 — Peut-on sabrer dans quelque chose ?

Le verbe **sabrer** peut être synonyme de **couper**, de **retrancher** ou de **raccourcir**. Ce verbe est transitif direct. On **sabre quelque chose**, mais on ne sabre pas «dans» quelque chose. Par exemple, on peut dire qu'on sabre un texte, c'est-à-dire qu'on retranche des passages de ce texte. En revanche, il est incorrect de dire qu'on «sabre dans un texte».

24 — Avez-vous droit à des allocations de chômage ?

Bien que les mots **allocation** et **prestation** soient parfois synonymes, le terme «allocation de chômage» ne fait pas vraiment partie du vocabulaire officiel de nos gouvernements. En outre, on ne parle plus d'«assurance-chômage» mais plutôt d'**ASSURANCE-EMPLOI**. Donc, au lieu de dire qu'on a droit à des «allocations de chômage», on dira plutôt qu'on a droit à des **PRESTATIONS D'ASSURANCE-EMPLOI**.

25 — Un livre peut-il être disponible ?

Tout dépend du contexte. Par exemple, on peut dire : Je suis allé à la bibliothèque, mais le livre que je voulais emprunter n'était pas disponible (c'est-à-dire que le livre avait déjà été pris par quelqu'un d'autre). En revanche, il n'est pas recommandé de dire qu'un livre est « disponible » dans toutes les bonnes librairies. Il faut plutôt dire que ce livre est **EN VENTE** dans toutes les bonnes librairies. Utilisé en ce sens, « disponible » est toujours considéré comme un anglicisme.

Une chose **disponible** est une chose dont on peut disposer. Par exemple, il est correct de dire : Les fonds sont disponibles, la Ville pourra construire un nouveau terrain de jeu. Enfin, une personne **disponible** est une personne qui n'est pas occupée. Par exemple, on peut dire : Revenez me voir demain, je serai disponible.

26 Une chose peut-elle nous questionner ?

La locution populaire « ça me questionne » est abusive. On peut se questionner sur quelque chose, c'est-à-dire se poser des questions, s'interroger sur quelque chose. En revanche, une chose ne peut pas « nous questionner ». Par exemple, on ne dira pas : Quand on voit ça, « ça nous questionne ». On dira plutôt : Quand on voit ça, **ON S'INTERROGE**, on **SE QUESTIONNE** ou **ON SE POSE DES QUESTIONS**...

27 Peut-on charger quelque chose à quelqu'un ?

Il est incorrect de dire qu'on « charge » une somme à quelqu'un pour un produit ou un service quelconque. En ce sens, le verbe **charger** est considéré comme un anglicisme. En français, on peut charger un camion, on peut charger quelqu'un de faire quelque chose, on peut charger une batterie d'accumulateurs et on peut charger une arme à feu, mais on ne peut pas «charger une somme à quelqu'un».

Au lieu de dire, par exemple, mon plombier «charge» 60 $ l'heure pour ses services, il est plus correct de dire que mon plombier **DEMANDE** 60 $ l'heure pour ses services. Et on évitera de dire : Je ne vous «chargerai» rien pour ça. On dira plutôt : **CE SERA GRATUIT POUR VOUS!** Selon le contexte, on peut également remplacer l'anglicisme «charger» par **exiger, facturer, prendre, faire payer** ou **réclamer**.

28 — Peut-on infliger une coupure avec un objet contondant ?

Dans la langue du droit criminel, un **objet contondant** est un objet non coupant qu'un criminel utilise pour blesser quelqu'un. Par définition, ces armes souvent improvisées ne peuvent trancher ni percer. Par exemple, un bâton de base-ball ou un bout de tuyau sont des objets contondants. Bien sûr, on n'appelle ces articles d'utilisation courante **objets contondants** que dans un contexte policier ou juridique. Lorsqu'on va dans un grand magasin pour acheter un bâton de base-ball, on ne devrait pas demander au vendeur : Où sont vos objets contondants ?

En revanche, une **ARME BLANCHE** est une arme coupante ou pointue. Le poignard, le couteau et le pic sont des armes blanches. On les appelle **armes blanches** pour les distinguer des armes à feu qui, elles, sont bronzées.

29 — Peut-on dire qu'un chanteur promouvoit son spectacle ?

Les verbes **promouvoir** et **émouvoir** se conjuguent comme le verbe **mouvoir**. Mais encore faut-il savoir comment conjuguer le verbe **mouvoir** ! À l'indicatif présent, **mouvoir** se conjugue comme suit : **je meus, tu meus, il** ou **elle meut, nous mouvons, vous mouvez, ils** ou **elles meuvent**. Par conséquent, le verbe **promouvoir** fait **promeut** à la troisième personne de l'indicatif présent et non « promouvoit ». On parlera donc d'un chanteur qui **PROMEUT** son spectacle.

Et, bien sûr, l'emploi de la locution **faire la promotion de** peut s'avérer utile dans les cas où la conjugaison du verbe **promouvoir** nous échappe. Par exemple, on peut dire qu'un chanteur **promeut** son spectacle, mais on peut également dire que ce chanteur **fait la promotion** de son spectacle.

30 — Une personne peut-elle être monoparentale ?

L'adjectif **monoparental** qualifie une famille qui ne comporte qu'un seul parent. **Monoparental** se dit généralement d'une **famille** ou d'une **cellule**. On ne devrait pas dire qu'une femme est « mère monoparentale » ni qu'un homme est « père monoparental ». Il faut aussi noter que **monoparental** n'est pas un substantif. Il est donc incorrect de dire « un monoparental » ou « une monoparentale ».

Pour désigner une femme qui élève ses enfants sans l'aide d'un conjoint, on parlera plutôt d'une **MÈRE CHEF DE FAMILLE MONOPARENTALE**, d'une **MÈRE**

ÉLEVANT SEULE SES ENFANTS, d'une **MÈRE SANS CONJOINT** ou d'une **MÈRE SEULE**, tout simplement. Bien qu'il ne soit pas franchement péjoratif, le terme **mère célibataire** est de moins en moins courant.

31   Les bougies sont-elles des objets précieux ?

De nos jours, les bougies ou les chandelles ne coûtent pas très cher. Pourtant, on dit bien **le jeu n'en vaut pas la chandelle** pour parler d'une entreprise qui ne vaut pas la peine d'être menée à bien, parce que les investissements nécessaires sont trop considérables comparativement aux résultats qu'on pourrait obtenir.

Pour bien comprendre cette expression, il faut savoir que les chandelles n'ont pas toujours été bon marché. On dit qu'au Moyen Âge, les chandelles étaient pratiquement considérées comme des objets de luxe. On évitait de les gaspiller et on ne les utilisait qu'en cas d'extrême nécessité. Si on faisait brûler une chandelle pour s'éclairer pendant une activité quelconque, il fallait vraiment que cette activité soit suffisamment importante ou lucrative pour justifier la consommation d'une précieuse chandelle.

32   Peut-on avoir de la misère ?

Le mot **misère** est synonyme de **malheur** et d'**adversité**. On peut être dans la misère, mais on ne peut pas «avoir de la misère». Au lieu de dire qu'on a de «misère» à faire quelque chose, il est plus correct de dire qu'**on a du mal, de la difficulté** ou **de la peine** à faire quelque chose.

33 — Pare-chocs à pare-chocs : circulation dense ou garantie ?

L'expression **pare-chocs à pare-chocs** est bien française, mais elle signifie **d'un pare-chocs à l'autre dans un même véhicule**. Par exemple, on peut parler d'une garantie **pare-chocs à pare-chocs** pour désigner une garantie qui couvre une voiture d'un pare-chocs à l'autre. En revanche, **PARE-CHOCS CONTRE PARE-CHOCS** est l'expression consacrée pour dire que la circulation est extrêmement dense et que les pare-chocs des voitures se touchent, littéralement.

34 — Où est-ce que vous allez amanché de même ?

Disons d'abord qu'on peut remplacer la locution **où est-ce que** par un seul mot : **OÙ** ! Le verbe **emmancher** est tout à fait français. Il signifie **ajuster sur un manche**. Par exemple, on peut emmancher un outil. Dans certains contextes plus rares, **emmancher** peut être synonyme de **commencer**, d'**amorcer** ou d'**entreprendre**. Par exemple, une affaire mal emmanchée est une affaire qui est mal amorcée. En revanche, le régionalisme familier « amancher » est à éviter. Il est plus correct d'utiliser les adjectifs **ACCOUTRÉ, AFFUBLÉ** ou **FAGOTÉ**.

Enfin, la locution **de même** est vieillie dans le sens de l'adverbe **ainsi** et des locutions **comme ça** et **de la sorte**. Donc, on évitera de dire : « Où est-ce que vous allez amanché de même ? » On dira plutôt : **OÙ ALLEZ-VOUS ACCOUTRÉ COMME ÇA ?**

35 — Qu'est-ce qui vous fait freaker ?

L'anglicisme « freaker » n'a pas encore fait son entrée triomphale dans les dictionnaires généraux. Selon l'intensité recherchée, on peut remplacer « freaker » par **PANIQUER, S'ÉNERVER, S'INQUIÉTER, SE TRACASSER** ou **S'EN FAIRE**. Dans certains contextes, on peut aussi employer le verbe **FRÉMIR**. Par exemple, on évitera de dire : J'ai « freaké » en voyant mon compte de téléphone. On dira plutôt : J'ai **FRÉMI** en voyant mon compte de téléphone.

36 — Vos enfants foxent-ils l'école ?

La locution « foxer l'école » a deux équivalents en français courant : **MANQUER LES COURS** et **SÉCHER LES COURS**. Bien sûr, on peut également utiliser l'expression un peu vieillotte **FAIRE L'ÉCOLE BUISSONNIÈRE**. Enfin, on évitera de dire : « J'ai foxé l'école hier ». On dira plutôt : **JE NE SUIS PAS ALLÉ À L'ÉCOLE HIER**.

37 — Que croquaient les croque-morts ?

L'origine du mot **croque-mort** est assez obscure. Selon la légende, les entrepreneurs de pompes funèbres d'autrefois devaient s'assurer que la personne qu'on leur demandait d'ensevelir était bel et bien morte.

Le croque-mort mordait le bout d'un doigt ou d'un orteil du mort, près de l'ongle. On dit que la douleur était si intense que la personne se réveillait immédiatement s'il restait en elle le moindre soupçon de vie.

Malheureusement, cette savoureuse anecdote n'a jamais été prouvée. Il s'agit vraisemblablement d'une version édulcorée d'une vieille histoire grivoise... L'explication linguistique est beaucoup plus prosaïque. **Croque-mort** viendrait du verbe **croquer** (**croquer** signifiait **faire disparaître**, en ancien français). Le **croque-mort** était celui à qui on confiait la tâche de faire disparaître le corps des morts.

38 — Doit-on dire qu'on court ou qu'on passe l'halloween ?

En ancien anglais, le mot **halloween** signifiait **veille de tous les saints**. C'est d'ailleurs pour cette raison qu'on célèbre cette fête la nuit précédant la **Toussaint**. Puisqu'il s'agit d'une fête d'origine anglo-saxonne, il est tout à fait naturel de conserver l'appellation

anglaise. En revanche, on ne devrait pas dire qu'on
«passe l'halloween». On dira plutôt qu'on **COURT
L'HALLOWEEN** ou qu'on **FAIT LA TOURNÉE
D'HALLOWEEN.**

39 — Qu'est-ce qu'on ne ferait pas pour un bonbon...

L'expression anglaise *trick or treat*, qu'utilisent les enfants anglophones pour demander des bonbons pendant la tournée d'halloween, n'a pas vraiment d'équivalent français. On a suggéré friandises ou bêtises, poivre ou sucre, bonbons ou bâton, la charité s'il vous plaît et même donnez-moi quelque chose ou je vous joue un tour, mais aucune de ces propositions n'a connu la faveur des enfants.

40 — Faut-il parler de l'été indien ou de l'été des Indiens ?

Comme on sait, le mot **Indien** est considéré comme vieilli pour désigner nos compatriotes autochtones. Pourtant, les termes **été indien** et **été des Indiens** sont tout à fait corrects. En Europe, on parle surtout de l'**été indien**. Chez nous, l'expression **été des Indiens** est un peu plus courante. Depuis les années 70, cependant, le terme **été indien** gagne en popularité.

Généralement, lorsque les Européens parlent de l'**été indien**, ils parlent vraiment de cette cinquième saison qu'on a parfois chez nous à la fin d'octobre ou en novembre. En revanche, quand ils parlent de la période de temps doux qu'ils ont chez eux à la mi-novembre, ils utilisent plutôt l'expression **été de la Saint-Martin**. Dans la plupart des dictionnaires, toutefois, on considère **été indien** et **été de la Saint-Martin** comme des synonymes.

41 — Est-il dangereux de piler dans une flaque d'eau ?

Le verbe **piler** est bien français. Il faut toutefois noter qu'on peut **PILER UNE CHOSE**, mais qu'on ne peut pas « piler dans quelque chose » ni « piler sur quelque chose ». Piler, c'est réduire un élément solide en petits morceaux, en poudre ou en pâte. En fait, **piler** est synonyme des verbes **broyer, presser** et **écraser**. Par exemple, on peut piler de la glace pour une consommation, on peut piler des pommes de terre pour en faire de la purée et on peut piler de l'ail pour un pesto.

En revanche, au lieu de dire qu'on « pile dans une flaque d'eau », on dira plutôt qu'on **MARCHE** ou qu'on **MET LE PIED** dans une flaque d'eau. Dans certains contextes, on peut remplacer le verbe **piler** par **fouler** ou **piétiner**. Par exemple, on évitera de dire : « Il a pilé sur mes plates-bandes ». On dira plutôt : Il a **PIÉTINÉ** mes plates-bandes.

42 — Le poulain est-il plus poltron que la poule ?

Comme on sait, un **poltron** est une personne sans courage. **Poltron** vient du mot italien *poltrone* qui, autrefois, avait le sens de **poulain**. À l'origine, un **poltron** était une personne nerveuse qui s'effrayait comme un poulain. Curieusement, en italien moderne, *poltrone* signifie **fainéant** et non plus « poulain ».

Mais pourquoi traite-t-on de poules mouillées les personnes qui manquent d'audace, de bravoure ou d'énergie? L'explication n'a rien de bien scientifique. On dit que les poules n'aiment pas la pluie. Lorsqu'une poule s'est fait surprendre par une averse et que toutes ses plumes sont mouillées, elle se cache et ne bouge plus, comme si elle était en état de choc. Du moins c'est ce qu'on prétend... Les poules sèches ont-elles plus de courage que les poules mouillées? L'histoire ne le dit pas!

43 — Que découpe-t-on dans les journaux ?

On peut découper des articles ou des photos dans les journaux, mais ces articles et ces photos ne sont pas des « découpures de journaux ». En fait, on a rarement à employer le mot **découpure** dans la langue de tous les jours. La **découpure**, c'est la forme de ce qui est découpé. Par exemple, on peut parler de la découpure d'une chaîne de montagnes à l'horizon ou de la découpure délicate d'une dentelle. En revanche, pour désigner des articles de journaux qu'on a découpés, on doit plutôt utiliser les termes **coupures de presse** ou **coupures de journaux**.

44 — Quelle sorte de scrap met-on dans un scrapbook ?

Dans le terme anglais *scrapbook*, on trouve le mot *scrap* qui, dans certains contextes, peut désigner un petit bout de tissu ou de papier. En français, toutefois, le cahier dans lequel on colle des textes, des photos et certains petits souvenirs s'appelle **ALBUM** et non « scrapbook ». Plus précisément, pour désigner un album dans lequel on colle des articles de journaux, on peut parler d'un **ALBUM DE COUPURES DE PRESSE** ou d'un **ALBUM DE COUPURES DE JOURNAUX**. En Europe, on préfère l'anglicisme **press-book** !

45 — Combien existe-t-il de saveurs de crème glacée ?

Il en existe deux, en fait : la bonne et la mauvaise ! La **saveur** est la qualité perçue par le sens du goût. En effet, **saveur** est un terme neutre qui est plus ou moins synonyme de **goût**. Donc, une saveur peut être bonne ou mauvaise, fade ou relevée. Par exemple, on peut utiliser des épices ou des herbes pour donner plus de saveur à un plat. Chez nous, on a tendance à donner au mot **saveur** le sens du mot anglais *flavour*.

Dans le cas de la crème glacée, par exemple, il est incorrect d'utiliser le mot « saveur » pour désigner les diverses variétés offertes comme la vanille, la banane ou la pistache. Dans ce cas, c'est le mot **PARFUM** qu'il faut employer. Dans la langue de la cuisine, on appelle **parfum** le goût d'un aliment aromatisé. Combien existe-t-il de **PARFUMS** de crème glacée ? Ça, c'est une autre question !

46 — Y a-t-il toujours de la glace dans les arénas ?

Le mot **aréna** est un régionalisme de bon aloi. **Aréna** est synonyme de **patinoire intérieure**. L'**aréna** est un établissement où se trouve une piste de patinage sur glace entourée de gradins. Cependant, on peut généralement recouvrir d'un plancher la glace des arénas pour y présenter des spectacles ou pour y tenir des assemblées.

47 — Le billet est-il plus français que le ticket ?

Ticket est un mot anglais d'origine française. Il vient du vieux mot **estiquet** qui signifiait **étiquette**, **billet** ou **écriteau**. En français moderne, un **ticket** est un petit rectangle de carton qu'on achète à l'entrée d'un lieu public et qui donne au porteur le droit d'entrer. Les mots **billet** et **ticket** ne sont pas tout à fait synonymes.

Le **billet** est plus personnalisé que le ticket. Contrairement au ticket, qui se limite à donner un droit d'accès ou d'entrée, le billet comporte des conditions particulières. Le **billet** est un petit contrat en quelque sorte. La place du détenteur et la date sont précisées sur le billet. On achète un **billet** pour prendre le train ou l'avion, ou pour assister à un spectacle. En revanche, on achète un **ticket** pour prendre l'autobus ou le métro ou pour entrer dans une salle de cinéma.

48 — Parle-t-on trop vite lorsqu'on saute aux conclusions ?

L'expression **sauter aux conclusions** est la traduction littérale de l'anglais *to jump to conclusions*. En français, au lieu de dire qu'on « saute aux conclusions », on doit dire qu'on CONCLUT TROP VITE, qu'on CONCLUT À LA LÉGÈRE ou qu'on TIRE DES CONCLUSIONS HÂTIVES.

L'utilisation de la locution **parler trop vite** dans le sens de **conclure trop vite** peut prêter à confusion. En effet,

parler trop vite signifie **parler avec un débit trop rapide**. Par exemple, on peut dire à quelqu'un : Je ne comprends pas ce que vous dites, vous parlez trop vite. En revanche, lorsqu'une personne a fait des affirmations sans réfléchir, au lieu de dire que cette personne « a parlé trop vite », il est plus juste de dire que cette personne **S'EST PRONONCÉE TROP VITE** ou qu'elle **S'EST TROP AVANCÉE**.

49 — Écrapoutir et effoirer sont-ils des verbes français ?

Écrapoutir est bel et bien français ! De nos jours, **écrapoutir** n'est plus employé en Europe. Au XVIe siècle, cependant, ce verbe était courant dans l'ouest de la France. Chez nous, ce verbe pittoresque est toujours très vivant dans la langue familière. Dans la langue surveillée, cependant, on devrait lui préférer, selon le contexte, les verbes **ÉCRASER**, **APLATIR**, **PILER** ou **DÉTRUIRE**.

Le régionalisme **effoirer** appartient à un registre un peu plus familier. D'ailleurs, le verbe apparenté **foirer** a très souvent une connotation vulgaire. On peut remplacer « effoirer » par **ÉCRASER** ou **APLATIR**. Enfin, au lieu du verbe pronominal « s'effoirer », on peut employer les verbes **S'ÉCROULER**, **S'EFFONDRER** ou **S'ÉCRASER**.

50 — Pourquoi monte-t-on sur ses grands chevaux ?

De nos jours, l'expression **monter sur ses grands chevaux** est associée à la colère. Il arrive également qu'on utilise cette expression pour exprimer le fait d'adopter une attitude hautaine en réaction à un affront. Autrefois, cette expression avait un sens beaucoup plus fort. À l'origine, quand on montait sur ses grands chevaux, on partait littéralement en guerre contre quelqu'un.

Monter sur ses grands chevaux est une expression qui vient de la langue de la chevalerie. Les seigneurs du Moyen Âge avaient au moins deux chevaux. Ils avaient un cheval de taille standard qu'ils montaient pour la parade et un cheval plus grand et plus costaud qu'ils montaient pour aller à la guerre. Quand les chevaliers allaient défendre leur pays menacé, ils montaient sur leurs grands chevaux, au propre et au figuré !

51 — L'eau de Cologne est-elle une eau de toilette ?

Les substances aromatiques qu'on utilise pour se parfumer portent des noms différents selon leur degré de concentration. La substance la plus concentrée est le **parfum**. Le parfum est généralement capiteux et on le porte dans les soirées. Viennent ensuite l'**extrait de parfum**, l'**eau de parfum** (qu'on appelle parfois **parfum de toilette**), l'**eau de toilette** et, finalement, l'**eau parfumée**. Quant à l'**eau de Cologne**, il s'agit d'une eau parfumée à base d'agrumes, qu'on peut appliquer généreusement sur la peau en raison de sa faible concentration et de son effet rafraîchissant.

Mais pourquoi certaines personnes utilisent-elles le terme **eau de Cologne** pour désigner une simple eau de toilette ? C'est probablement sous l'influence du mot anglais *cologne*, qui désigne à la fois l'eau de Cologne véritable et l'eau de toilette pour hommes.

52 — Est-ce qu'on rabat les oreilles comme on rabat le caquet ?

Rabattre est synonyme de **rabaisser**. Par exemple, on peut rabattre la visière d'une casquette, rabattre un siège au cinéma ou rabattre le capot d'une voiture. L'expression **rabattre le caquet** est tout à fait correcte. **Rabattre le caquet à quelqu'un**, c'est l'obliger à se taire ou le remettre fermement à sa place.

Rebattre, en revanche, c'est battre de nouveau. Par exemple, on peut rebattre des cartes ou rebattre des œufs qui n'ont pas été suffisamment battus. La locution consacrée pour exprimer le fait de répéter à quelqu'un une chose à satiété est **REBATTRE LES OREILLES** et non « rabattre les oreilles ». Quand quelqu'un nous rebat les oreilles, on a le goût de lui rabattre le caquet !

53 — Faut-il être soldat pour être basé ?

Le participe passé **basé** appartient à la langue militaire. **Être basé à un endroit** signifie **avoir cet endroit pour base militaire**. Par exemple, on peut dire :

L'officier Untel est basé à Farnham. Autrement dit, cet officier travaille à la base militaire de Farnham.

Dans la plupart des autres contextes, **basé** est la traduction littérale de l'adjectif anglais *based*. Dans la langue des affaires et dans la langue générale, on peut remplacer «basé» par **ÉTABLI, FIXÉ, INSTALLÉ, AFFECTÉ** ou **RATTACHÉ**. Il est également correct de dire d'une personne qu'**ELLE A SON BUREAU** à tel endroit. Et au lieu de dire qu'une entreprise est «basée» à Winnipeg, par exemple, il est plus juste de dire que cette entreprise **A SON SIÈGE SOCIAL** à Winnipeg.

54 Y a-t-il plusieurs sortes de mises à pied ?

Il existe deux types de mises à pied : la **mise à pied disciplinaire** et la **mise à pied économique**. La **mise à pied disciplinaire**, comme son nom le suggère, est l'action de mettre définitivement fin à l'emploi d'un salarié pour des raisons d'ordre disciplinaire. **Mise à pied disciplinaire** est synonyme de **congédiement**. La **mise à pied économique**, qu'on appelle aussi **mise à pied** tout court lorsque le contexte est suffisamment clair, est l'action de mettre fin à l'emploi d'un salarié de façon temporaire ou parfois définitive, généralement pour des motifs économiques (manque de travail, compressions budgétaires, etc.).

L'origine du terme **mise à pied** remonte au Moyen Âge. Dans l'armée, on punissait les cavaliers qui commettaient une faute grave en les forçant à remettre leurs chevaux. Ces cavaliers étaient littéralement mis à pied.

55 — Votre plombier peut-il vous donner un tuyau ?

L'expression **donner un tuyau**, qui est synonyme de **donner un conseil** ou de **donner un renseignement privilégié**, n'a rien à voir avec les tuyaux qu'installent les plombiers. En réalité, le tuyau dont il est question dans cette expression est le conduit auditif, qu'on appelle familièrement le **tuyau de l'oreille**. Pour transmettre en confidentialité des renseignements privilégiés à quelqu'un, on parle généralement à voix basse directement dans l'oreille de l'autre personne.

56 — Faut-il mettre des moufles pour faire quelque chose à la mitaine ?

À la mitaine est une expression sympathique qu'on peut utiliser dans les conversations familières. En revanche, dans la langue soutenue, on remplacera **à la mitaine** par l'adverbe **manuellement** ou par les locutions **à la main**, **de façon artisanale** ou **avec les moyens du bord**. Dans certains contextes, on peut remplacer **à la mitaine** par **négligemment, à la va comme je te pousse, avec amateurisme** ou **grossièrement**.

57 — L'âne et le coq sont-ils des animaux de basse-cour ?

Étrangement, l'âne a déjà été un animal de basse-cour comme la poule, le coq, l'oie et le canard. Par exemple, dans l'expression populaire **sauter du coq à l'âne**, l'âne n'est pas une espèce de petit cheval aux longues oreilles, mais bien un canard ! En effet, au XIIe siècle, le mot **âne** désignait la **cane**, la femelle du canard. **Âne** venait du mot latin *anas* qui signifiait **canard**.

Maintenant, pourquoi dit-on d'une personne qui vit sans aucun souci, dans le plus grand des conforts, qu'elle est **comme un coq en pâte** ? L'explication est presque trop simple. Autrefois, on engraissait les coqs en réduisant leurs activités au strict minimum et en les nourrissant d'une pâtée extrêmement riche. Au fil des ans, le mot **pâtée** s'est transformé en **pâte**.

58 — Peut-on se faire tirer des roches ?

On peut tirer une flèche (avec un arc) ou une balle (avec une arme à feu), mais on ne peut pas « tirer une roche ». En effet, **tirer**, c'est envoyer un projectile quelconque au moyen d'une arme. Pour exprimer le fait d'envoyer un projectile avec la main, on utilisera plutôt les verbes **LANCER, JETER, BALANCER, EXPÉDIER** ou **ENVOYER**.

Il est assez difficile de tenir une roche dans la main ! En effet, le mot **roche** désigne un très gros morceau de matière minérale dure. En revanche, un fragment de roche qui tient dans la main est un **CAILLOU** ou une **PIERRE**. Donc au lieu de dire, par exemple, que « le ministre s'est fait tirer des roches », on dira plutôt : Le ministre s'est fait **LANCER DES PIERRES** (ou **DES CAILLOUX**). On peut également dire : Le ministre s'est fait **LAPIDER**.

59 — Doit-on dire en un tournemain ou en un tour de main ?

Les deux locutions sont correctes. Il n'y a pas si longtemps, cependant, les professeurs de français nous reprenaient lorsque nous disions « en un tour de main ». En effet, c'était la formule **en un tournemain** qui figurait dans les dictionnaires. De nos jours, on considère la locution **en un tournemain** comme vieillie ou littéraire. En revanche, **en un tour de main** est maintenant la locution la plus courante.

60 — Votre voiture a-t-elle un sac ou un coussin ?

On appelle **SAC GONFLABLE** ou **COUSSIN GONFLABLE** le dispositif de sécurité consistant en une enveloppe souple qui se gonfle d'air ou de gaz sous l'effet d'un choc, afin de protéger les occupants d'une voiture. L'organisme international de normalisation ISO privilégie l'emploi du terme **sac gonflable**. Toutefois, **coussin gonflable** est plus courant chez nous. On appelle également **coussin gonflable** le petit coussin qu'on souffle et qu'on peut utiliser dans la baignoire ou à la piscine.

Les termes **sac gonflable** et **coussin gonflable** sont parfaitement synonymes et on peut les employer indifféremment. Mais lequel des deux termes les Français branchés préfèrent-ils ? Ni l'un ni l'autre. Ils disent « airbag » !

61 — Peut-on vraiment parler de la violence faite aux femmes ?

Il est souhaitable que nous dénoncions la violence sous toutes ses formes. Cependant, la tournure « violence faite aux femmes » est critiquée, bien qu'elle soit assez couramment utilisée par les médias de chez nous. De nos jours, on ne dit plus qu'on « fait violence à une femme ». L'expression **faire violence à une femme** est bien française, mais il s'agit d'une formule archaïque synonyme du verbe **violer**.

Dans les autres pays francophones, pour parler de la violence dont les femmes sont parfois victimes, on utilise la formulation plus correcte et plus logique **VIOLENCE CONTRE LES FEMMES**. Et bien sûr, on peut adapter cette formulation en fonction des personnes visées. On peut parler, par exemple, de la **violence contre les enfants**, de la **violence contre les homosexuels** ou de la **violence contre les personnes âgées**.

62 — Les poux sont-ils vraiment fiers ?

C'est peu probable ! Pourtant, on dit bien d'une personne orgueilleuse qu'elle est **fière comme un pou**. En fait, le mot **pou** dont il est question dans cette expression familière n'a rien à voir avec les petits parasites indésirables qu'on connaît. Le **pou** qui est si fier n'est pas un insecte, mais bien un coq ! En effet, en ancien français, le **pou** s'appelait **pouille**, tandis qu'un jeune coq s'appelait **pouil**.

Mais quand on chante pouilles à quelqu'un, est-il question du parasite ou du coq ? Le coq est connu pour son chant. Pourtant, dans l'expression **chanter pouilles**, on fait allusion au pou et non au coq. À l'origine, chanter pouilles à quelqu'un, c'était l'injurier en le traitant de pouilleux.

63 — Avez-vous du timing ?

« Timing » est un anglicisme critiqué, peu importe le domaine dans lequel on l'utilise. Dans la langue administrative, le mot anglais *timing* est considéré comme abusif pour désigner la répartition dans le temps de différentes tâches à effectuer. Dans ce cas, on devrait plutôt parler du **calendrier des travaux**. Dans la langue du vaudeville et du théâtre improvisé, *timing* se rend par **sens de l'à-propos** ou **sens de la répartie**. Enfin, dans la langue de tous les jours, au lieu de dire, par exemple, que le « timing » n'est pas bon pour demander une augmentation de salaire, il est plus juste de dire : **LE MOMENT EST MAL CHOISI** pour demander une augmentation de salaire. Il est également correct de dire : **CE N'EST PAS LE MEILLEUR MOMENT** pour demander une augmentation de salaire.

64 Dull est-il synonyme d'ennuyant ou d'ennuyeux ?

L'adjectif anglais *dull* ne figure pas encore dans nos dictionnaires. Et pour cause ! La langue française peut très bien se passer de cet anglicisme. Selon le contexte, on peut remplacer « dull » par une variété d'adjectifs. Par exemple, au lieu de dire qu'une musique est « dull », on peut dire que cette musique est **ENNUYEUSE, ENNUYANTE, ASSOMMANTE, MONOTONE** ou **ENDORMANTE**. Selon le contexte, on peut également remplacer « dull » par **INSIPIDE, LASSANT, FADE** ou **UNIDIMENSIONNEL**.

L'adjectif **ennuyant** est considéré comme un régionalisme acceptable. Il vient du vieux mot français *enoiant* qui a donné *annoying*, en anglais. Chez nous, on fait parfois une distinction entre les adjectifs **ennuyeux** et **ennuyant**. **Ennuyeux** qualifie ce qui cause de la contrariété ou du souci. Par exemple, une crevaison, c'est ennuyeux! Et bien sûr, **ennuyant** qualifie ce qui suscite l'ennui. Dans les autres pays francophones, on utilise **ennuyeux** dans les deux cas.

65 Lorsqu'on dit qu'on a de la peine à joindre les deux bouts, de quels bouts s'agit-il?

Les deux bouts dont il est question dans l'expression populaire **avoir de la peine à joindre les deux bouts** sont en réalité les deux bouts de l'année. À l'origine, l'expression signifiait **être capable de payer les dépenses de l'année**, d'un bout à l'autre de l'année.

66 Pourquoi tire-t-on le diable par la queue?

Quand on dit qu'une personne tire le diable par la queue, on veut dire que cette personne est très pauvre et qu'elle peut difficilement subvenir à ses propres besoins. Selon la légende, un homme était si misérable qu'il a fini par implorer le diable de l'aider. Le diable n'était pas de bonne humeur cette journée-là et il a décidé de tourner le dos à son interlocuteur. Le pauvre homme a dû tirer le diable par la queue pour attirer son attention.

67 Est-on vraiment mieux en bas de laine qu'en bas de zéro?

Dans une vieille chanson populaire de chez nous, on dit qu'il fait plus chaud en bas de laine qu'en bas de zéro! Ces paroles amusantes sont néanmoins basées sur un anglicisme. En effet, les expressions «en bas de zéro», «en dessous de zéro» et «sous zéro» sont calquées sur la formule anglaise *below zero*. En français, on préfère utiliser les degrés négatifs. Par exemple, au lieu de dire qu'il fait «20 degrés sous zéro» ou «20 degrés en bas de zéro», on dira plutôt qu'il fait **MOINS 20 DEGRÉS**.

Lorsque la température est supérieure à zéro degré, il est généralement inutile d'ajouter le mot **plus** devant le nombre de degrés. Par exemple, on évitera de dire: il fait actuellement «plus» 20 degrés. Lorsqu'on dit qu'il fait 20 degrés, on sait très bien qu'on est à un moment de l'année où il ne peut pas faire moins 20 degrés!

68 Faut-il sourire pour faire bonne chère?

Il faut d'abord préciser que l'expression consacrée est **faire bonne chère** et non «faire bonne chair». Le mot **chère** vient du mot latin *cara*, qui signifiait **visage**. Autrefois, quand on faisait bonne chère à quelqu'un, on lui présentait un visage engageant et accueillant. Et, par extension, quand on se montre accueillant envers quelqu'un, il est naturel de lui servir un bon repas.

69 Fait-on ripaille ailleurs que dans les châteaux?

Comme on sait, **faire ripaille**, c'est manger bien et abondamment. L'origine de cette expression est incertaine. On dit qu'au XVe siècle, Amédée VIII, duc de

Savoie, avait renoncé à ses obligations et s'était retiré dans son château. Comme il n'avait plus de tâches officielles à accomplir, il passait toutes ses journées à manger et à s'amuser avec ses copains. Mais quel rapport y a-t-il avec l'expression **faire ripaille**? C'est tout simple. Le château du duc s'appelait **château de Ripaille**! L'explication la plus communément attestée est un peu plus terre à terre. **Ripaille** viendrait d'un vieux verbe néerlandais qui signifiait **gratter** ou **racler**. À l'origine, l'expression consacrée était **faire la ripaille**. On disait autrefois que les soldats **faisaient la ripaille**, c'est-à-dire qu'ils allaient glaner de la nourriture chez les paysans.

70 Êtes-vous toujours à votre meilleur?

La locution «être à son meilleur» est un calque de l'anglais. Comme on sait, l'adjectif comparatif **meilleur** peut être précédé d'un pronom possessif. Par exemple, il est tout à fait correct de dire : Il est ton **meilleur** ami ou Ce sera notre **meilleure** année.

En revanche, le superlatif **meilleur**, employé comme substantif, ne devrait jamais être précédé d'un pronom possessif. Par exemple, au lieu de dire que dans son plus récent spectacle, tel chanteur «était à son meilleur», il est plus correct de dire que le chanteur en question **était en pleine forme**, qu'**il était plus en forme que jamais**, qu'**il était au mieux de sa forme** ou encore qu'**il était au sommet de sa forme**. Et au lieu de dire que c'est en hiver que les oranges «sont à leur meilleur», on dira simplement : C'est en hiver que les oranges **SONT LES MEILLEURES**.

71 — Tous les trains vont-ils en enfer ?

Avant l'invention du moyen de transport public bien connu, le mot **train** désignait une file de choses, généralement attachées les unes aux autres. Plus spécifiquement, le **train** était un troupeau de bêtes de somme qui marchaient les unes à la suite des autres. Par exemple, on pouvait parler d'un train de mulets, d'un train de chevaux ou d'un train de chameaux. Il était donc logique d'évoquer cette image des animaux qui se suivent lorsqu'il a fallu nommer le véhicule constitué d'une suite de wagons raccordés à une locomotive.

Quoi qu'il en soit, ce train-là n'a rien à voir avec l'expression **aller à un train d'enfer**. Dans cette expression, le mot **train** n'est pas synonyme de chemin de fer, mais bien d'**allure**! Autrement dit, quand on va à un train d'enfer, on va à une allure folle ou, si on préfère, à une vitesse diabolique!

72 — Savez-vous planter... des ordinateurs ?

Dans la langue de tous les jours, il est tout à fait acceptable de dire que son ordinateur vient de planter. Le verbe **planter** appartient au jargon populaire de l'informatique. On l'utilise pour parler d'un ordinateur qui tombe subitement en panne. En Europe, on préfère la forme pronominale **se planter**. Quoi qu'il en soit, même s'il n'est pas fautif de dire qu'un ordinateur plante ou se plante, il est toujours plus correct de dire qu'un ordinateur **TOMBE EN PANNE**.

Mais peut-on se planter? Eh bien oui! **Se planter** est une expression familière commune à tous les pays francophones. En fait, **se planter** est un synonyme familier de **se tromper**. Dans la langue un peu plus soutenue, au lieu de dire qu'on s'est planté, on dira plutôt qu'on **s'est fourvoyé**, qu'on **a fait erreur**, qu'on **a fait fausse route** ou qu'on **s'est trompé**, tout simplement.

73 La patère est-elle un portemanteau?

Chez nous, on utilise le mot **patère** pour désigner l'accessoire que les francophones des autres pays appellent **portemanteau**. Bien que les deux termes soient pratiquement considérés comme des synonymes en français moderne, ils ne désignent pas tout à fait le même accessoire. La **patère** est un ensemble de crochets fixés au mur, servant à accrocher les vêtements. On trouve souvent des patères dans les vestiaires et dans les endroits publics.

Le **portemanteau**, en revanche, est très courant dans nos maisons. Il s'agit d'une espèce de support sur pied avec des crochets servant à pendre les vêtements. Le portemanteau est parfois accompagné d'un panier pour ranger les parapluies. **Portemanteau** s'écrit toujours en un seul mot, sans trait d'union. De nos jours, on utilise **patère** et **portemanteau** indifféremment, mais **portemanteau** est de plus en plus courant.

74 Glisse-t-on sur une glissade ou sur une glissoire ?

La **glissade**, c'est l'action de glisser sur une surface glissante. On utilise généralement le mot **glissade** pour désigner l'activité récréative consistant à descendre une pente sur une luge ou dans un traîneau. En revanche, le mot **glissoire** désigne une piste inclinée, glacée ou non, spécialement aménagée pour la glissade. Il faut éviter d'utiliser le mot **glissade** pour parler de la **glissoire**.

75 Doit-on parler des Jeux olympiques, des Olympiques ou des olympiades ?

Contrairement à ce que disent certains puristes, il est tout à fait acceptable d'utiliser le substantif pluriel **Olympiques** pour désigner les **Jeux olympiques**. On peut donc parler des **Olympiques**. Employé dans ce sens, **Olympiques** prend toujours la majuscule. En français, il arrive souvent qu'on fasse l'omission du substantif au profit de l'adjectif qui le qualifie. Par exemple, on n'a qu'à penser aux termes **circulaire**, **plénière**, **diagonale** et **complet**, qui ont fini par supplanter les locutions qu'on utilisait à l'origine, en l'occurrence **lettre circulaire**, **assemblée plénière**, **ligne diagonale** et **costume complet**.

Il ne faut pas confondre les **Olympiques** et l'**olympiade**. En effet, l'**olympiade** est la période de quatre ans qui sépare deux célébrations des Jeux olympiques. En principe, on ne devrait pas utiliser **olympiades** comme synonyme de **Jeux olympiques**. De nos jours, toutefois, cet usage est de plus en plus toléré.

76	Athènes est-elle la ville hôte ou la ville hôtesse des Jeux olympiques ?

Hôte a deux sens contradictoires. Dans son acception la plus courante, le mot **hôte** désigne une personne qui donne l'hospitalité. Par exemple, quand on est invité à dîner, l'usage veut qu'on apporte un cadeau à son hôte, c'est-à-dire à la personne qui nous accueille. Étrangement, le mot **hôte** désigne également la personne qui reçoit l'hospitalité. Par exemple, on peut parler d'un aubergiste qui prend bien soin de ses hôtes, c'est-à-dire de ses invités. Chez nous, **hôte** est pratiquement inusité en ce sens.

Les termes « ville hôtesse » et « ville hôte », qu'on utilise fréquemment en parlant des villes où se déroulent les Jeux olympiques, sont calqués sur l'anglais. Ces anglicismes sont de plus en plus courants dans les pays francophones, mais l'organisation des Jeux olympiques emploie les termes **VILLE ORGANISATRICE** et **VILLE D'ACCUEIL** dans sa correspondance officielle.

77   Vaut-il mieux être déçu que désappointé ?

On voit parfois des anglicismes là où il n'y en a pas ! Le verbe **désappointer** est l'un de ces mots dont on a appris à se méfier. Pourtant, ce verbe est bien français. En effet, **désappointer** existait déjà en français, à la fin du XIVe siècle. À cette époque, **désappointer** signifiait **destituer de sa charge**. C'est vers le XVIIIe siècle que **désappointer** est devenu synonyme de **décevoir**. On suppose que ce glissement de sens s'est fait sous l'influence du verbe anglais *to disappoint*, qui a lui-même été emprunté au français.

Quoi qu'il en soit, il est important de préciser que la plupart des dictionnaires modernes ne considèrent pas **désappointer** comme un emprunt condamnable. Malgré tout, il est toujours préférable de privilégier le verbe bien français **décevoir**, ne serait-ce que pour dissiper tous les doutes. En outre, **décevoir** présente l'avantage d'être plus court que **désappointer**.

78   Les abonnés sont-ils des usagers ou des utilisateurs ?

Dans certains contextes, ces trois mots sont à peu près synonymes. En général, toutefois, il faut tenir compte des nuances qui les distinguent. On appelle **usager** une personne qui a recours à un service public. Par exemple, on peut parler des usagers des transports en commun. **Utilisateur** a un sens beaucoup plus large. Un **utilisateur** est simplement une personne qui utilise quelque chose. Par exemple, les employés qui utilisent les services informatiques de leur entreprise sont des utilisateurs.

Quant au mot **abonné**, il désigne une personne qui profite d'un service par abonnement. Par exemple, les utilisateurs de la banque de terminologie *Termium* sont des abonnés, puisqu'il faut payer un abonnement pour utiliser cette banque. En revanche, les gens qui consultent gratuitement *Le grand dictionnaire terminologique* de l'Office québécois de la langue française sont des utilisateurs.

79 | Le terme anglais e-commerce a-t-il un équivalent français ?

Il est vrai que les mots associés aux nouvelles technologies voient souvent le jour en anglais et que les équivalents français mettent parfois un certain temps avant de faire leur apparition. Ce n'est certainement pas le cas du mot *e-commerce*. En effet, on appelle **cybercommerce** ou **commerce électronique** l'ensemble des activités commerciales effectuées par Internet. Ce type de commerce inclut la promotion et la vente en ligne de produits et services, la vente d'information et l'échange de correspondance électronique.

Bien sûr, les termes **cybercommerce** et **commerce électronique** sont parfaitement synonymes. Il faut cependant noter que **cybercommerce** gagne en popularité. D'ailleurs, ce mot s'inscrit dans une série de néologismes associés à Internet : **cybermagazine**, **cyberachat**, **cyberbanque**, etc.

80 — Fait-on les choses en grand ou en grande ?

On peut faire les choses **en grande pompe** ou **en grand**, mais pas « en grande ». En fait, on ne doit pas utiliser la locution « en grande » sans la faire suivre d'un nom. Par exemple, on peut acheter un produit en grande quantité ou on peut être en grande conversation avec quelqu'un.

Faire quelque chose **en grande pompe**, c'est faire quelque chose avec une solennité exagérée. De nos jours, cette locution comporte presque toujours une connotation ironique. En revanche, faire quelque chose **en grand**, c'est faire quelque chose **sur une vaste échelle** ou **sans retenue**. Donc, au lieu de dire qu'on fête « en grande », il vaut mieux dire qu'on fête **EN GRAND** !

81 — Une chanson peut-elle avoir un bon beat ?

En français, le mot anglais *beat* est toléré dans la mesure où on l'emploie comme adjectif pour qualifier ce qui concerne les beatniks et la beat generation. Le mouvement **beat** a été lancé à la fin des années 50 par l'auteur Jack Kerouac. On appelait **beatniks** les jeunes en révolte contre le conformisme bourgeois et la société de consommation. En général, les beatniks vivaient d'expédients et n'avaient pas de domicile fixe. Le terme anglais *beat generation* signifie littéralement **génération foutue**. Ce « beat » n'a donc rien à voir avec la musique !

Dans la langue musicale, «beat» est un anglicisme. Au lieu de dire, par exemple, qu'une chanson ou qu'une pièce musicale a du «beat», on dira plutôt que cette chanson ou cette pièce a du **RYTHME** ou qu'elle est **RYTHMÉE**.

82 Pratiquez-vous l'autocoucounage?

Les Américains appellent *carcooning* le comportement de certaines personnes dont la vie entière est centrée sur l'utilisation d'une automobile. Comme on peut s'en douter, *carcooning* est dérivé du mot anglais à la mode *cocooning*. Les équivalents proposés pour traduire *carcooning* sont **autocoucounage** et **coucounage automobile**. L'**autocoucounage** est un étrange comportement qui se caractérise par une tendance à vivre de plus en plus souvent dans son automobile. L'adepte de l'autocoucounage tente de recréer l'environnement confortable de son foyer en équipant sa voiture d'accessoires divers (téléphone cellulaire, ordinateur portable, chaîne audio-vidéo, miniréfrigérateur, réchaud, etc.).

83 Faut-il être un homme pour faire un one-man show?

One-man show a une forme féminine, en l'occurrence **one-woman show**. Ces mots anglais désignent des œuvres dramatiques ou des spectacles de chant, de music-hall ou d'humour ne mettant en scène qu'un seul artiste. **One-man show** et **one-woman show** sont deux anglicismes couramment employés par les gens du monde du spectacle, dans l'ensemble des pays francophones. En outre, on trouve maintenant ces mots dans la plupart des dictionnaires, avec la mention d'anglicisme, cependant. Fort heureusement, **spectacle-solo**, l'équivalent français recommandé pour remplacer **one-man show** tend à se répandre dans la langue des médias et dans la langue populaire. Le néologisme **spectacle-solo** présente l'avantage de convenir aux hommes et aux femmes.

84 — Quelle différence y a-t-il entre l'écologisme et l'environnementalisme ?

L'**écologisme** est un courant de pensée ou une doctrine qui dénonce le pillage inconsidéré des ressources naturelles et le déséquilibre croissant entre l'homme et son environnement naturel. Les partisans de l'écologisme estiment qu'il faut remettre en question notre exploitation des ressources naturelles. En revanche, le terme **environnementalisme** appartient à la langue de la psychologie. D'ailleurs, ce terme est rarement usité. Il faut surtout noter que, pris au sens d'**écologisme**, «environnementalisme» est considéré comme un calque de l'anglais.

Par contre, le substantif **environnementaliste** est bien français. On appelle **environnementaliste** une personne qui se spécialise dans l'étude de l'environnement.

85 — Tous les manifestants sont-ils contestataires ?

Le mot **contestation** est entré dans la langue française au XIVe siècle. Le terme **contestataire**, en revanche, est beaucoup plus récent, puisqu'il est né à la fin des années 60. En fait, le substantif **contestataire** a fait son apparition dans les médias, lors des fameux événements de mai 68. Par définition, un **contestataire** est une personne qui s'oppose à quelque chose par la contestation.

Les manifestants sont tous contestataires, mais les contestataires ne sont pas tous manifestants. On appelle **manifestant** une personne qui participe à une manifestation. Autrement dit, lorsqu'on descend dans la rue pour manifester son mécontentement, on est **manifestant**. Un **contestataire**, c'est tout simplement une personne qui conteste, qu'elle descende dans la rue ou non.

86 — Êtes-vous cinquantenaire ?

Cinquantenaire est un adjectif très peu usité, qualifiant une chose qui a cinquante ans d'âge. Par exemple, on peut parler d'un immeuble cinquantenaire. Employé comme substantif, **cinquantenaire** est un synonyme assez rare de **cinquantième anniversaire**. En revanche, on appelle **QUINQUAGÉNAIRE**, et non « cinquantenaire », une personne qui a entre cinquante et cinquante-neuf ans.

Une personne qui a la cinquantaine est une personne qui a plus ou moins 50 ans. En effet, les mots **vingtaine**,

trentaine, quarantaine, cinquantaine et **soixantaine** désignent respectivement les âges approximatifs de 20, 30, 40, 50 et 60 ans et non la période de 10 ans comprise entre les âges de 20 à 29 ans, de 30 à 39 ans, etc. De nos jours, cependant, on tient de moins en moins compte de cette subtilité.

87 — Votre voiture est-elle bonne pour la scrap ?

Selon le contexte, on peut traduire le mot anglais *scrapyard* par **CIMETIÈRE D'AUTOS** ou par **PARC À FERRAILLES**. Évidemment, « cour à scrap » est un anglicisme à éviter. L'expression « être bon pour la scrap » est également fautive. Mais rassurez-vous, il existe au moins trois tournures équivalentes en français correct. Au lieu de dire qu'une voiture est bonne pour la « scrap », on peut dire que cette voiture est **BONNE POUR LA FERRAILLE**, qu'elle est **BONNE À METTRE À LA FERRAILLE** ou, dans la langue plus familière, qu'elle est **BONNE POUR LA CASSE**.

Il ne faut pas confondre le **parc à ferrailles** et le **dépotoir**. Le **dépotoir** est un site d'enfouissement de déchets organiques et d'ordures ménagères. Le **parc à ferrailles**, comme son nom l'indique, est un site exclusivement réservé à la ferraille.

88 — Le mot pattern est-il français ?

Dans la langue des sciences humaines, on utilise parfois l'anglicisme « pattern » pour désigner le modèle simplifié d'une structure. Évidemment, le simple mot **modèle** peut très bien faire l'affaire dans ce cas. Et au lieu de parler d'un «pattern» pour désigner un thème décoratif, on peut parler d'un **motif**. Dans d'autres contextes, le mot anglais *pattern* se traduit par **canevas, type, structure, profil** ou même **principe**.

Enfin, quand il est question d'une suite d'actions ou d'étapes qui mènent à un résultat quelconque, c'est généralement le mot **scénario** qu'il faut employer. Par exemple, au lieu de dire que c'est toujours le même «pattern», on dira : C'est toujours le même **SCÉNARIO**. Les mots **routine** et **tendance** peuvent également rendre cette idée.

89 Le coude à coude est-il réservé aux politiciens ou aux sportifs ?

Dans son sens premier, la locution **coude à coude** sert à marquer la proximité et non la concurrence. Par exemple, on peut dire que deux personnes travaillent coude à coude, c'est-à-dire très près l'une de l'autre. Pour parler de deux politiciens dont les cotes de popularité sont équivalentes dans un sondage, on dira plutôt que ces deux candidats sont **À ÉGALITÉ** ou qu'ils **SONT ÉGAUX DANS LES SONDAGES**.

Dans la langue des sports, cependant, le sens de **coude à coude** s'est élargi pour inclure la notion de vive opposition entre deux athlètes dans une épreuve. Le *Robert des sports* accepte également la locution **coude à coude** comme synonyme de **lutte serrée**. On donne comme exemple : Le **coude à coude** de deux sprinters. Enfin, il faut éviter d'utiliser l'expression **nez à nez** pour exprimer cette notion. En effet, **être nez à nez** est synonyme d'**être face à face**.

90 — Connaissez-vous le pistolet du flexible de distribution ?

Certains termes recherchés servent à désigner des réalités toutes simples. Dans les stations-service, on appelle **flexible de distribution** le tuyau souple qui relie le pistolet de distribution au distributeur d'essence. En contexte, bien sûr, le mot **tuyau** est suffisamment clair. Maintenant, on appelle **pistolet de distribution** ou **pistolet distributeur** le robinet en forme de pistolet servant à verser le carburant dans le réservoir d'un véhicule automobile. En contexte, le terme **pistolet** employé seul est également correct.

91 — Le flip phone est-il un portable ou un cellulaire ?

Selon la définition du *Petit Robert*, le **téléphone cellulaire** est un radiotéléphone fonctionnant dans des zones disposant chacune d'une antenne et de canaux radioélectriques. Ces zones s'appellent cellules, d'où le nom **téléphone cellulaire**. Le substantif **cellulaire** est également correct. Les termes **portable** et **téléphone portable**, qui sont couramment employés dans les autres pays francophones, commencent à s'imposer chez nous.

Nos amis anglophones appellent *flip phone* le petit téléphone cellulaire muni d'une charnière lui permettant de se rabattre sur lui-même, pour occuper moins d'espace dans la poche de l'utilisateur. En français, on appelle **téléphone pliable**, **téléphone à rabat** ou **téléphone à clapet** ce type de téléphone. Bien qu'on le trouve dans certains textes venant de France, *flip phone* est toujours considéré comme un anglicisme.

92 — Peut-on avoir son voyage sans sortir de chez soi ?

« J'ai mon voyage » est une expression bien sympathique, mais peu évocatrice quand on y pense bien. En effet, cette expression n'est jamais vraiment utilisée dans un contexte de voyage. En outre, il est toujours facile de remplacer « j'ai mon voyage » quel que soit le contexte.

Par exemple, pour exprimer l'étonnement, on évitera de dire : « J'ai mon voyage », il a mis du sel dans son café. On dira plutôt : **C'EST INCROYABLE**, il a mis du sel dans son café. Pour exprimer la colère, on évitera de dire : « Là, j'ai mon voyage ». On dira plutôt : **LÀ, ÇA SUFFIT, J'EN AI MARRE, J'EN AI RAS LE BOL** ou **J'EN AI ASSEZ**. Enfin, pour exprimer la fatigue, au lieu de « J'ai mon voyage », je vais me reposer un peu : **JE N'EN PEUX PLUS** ou **JE SUIS ÉPUISÉ, FOURBU, EXTÉNUÉ** ou **VIDÉ**, je vais me reposer un peu.

93 — Semi-remorque est-il un mot masculin ou féminin ?

Semi-remorque est un mot masculin… et féminin. En outre, **semi-remorque** a des sens différents selon le genre qu'on lui attribue. Au masculin, **semi-remorque** désigne un véhicule routier formé d'un tracteur et d'un véhicule sans moteur dans lequel on peut placer des marchandises. Au lieu de parler d'un « truck » et d'une « vanne », on parlera d'un semi-remorque.

Au féminin, **semi-remorque** désigne le véhicule sans moteur qui est tiré par le tracteur. Il est donc correct de dire que le **semi-remorque** comprend la **semi-remorque**. Contrairement à la remorque qui a des roues à l'avant et à l'arrière, la semi-remorque n'a des roues qu'à l'arrière. La partie avant de la semi-remorque repose entièrement sur la sellette d'attelage du tracteur.

94   Remix est-il français ?

Bien qu'il figure dans la plupart des dictionnaires de langue générale, « remix » est toujours considéré comme un anglicisme. Précisons d'abord ce qu'on entend par « remix ». Dans le jargon technique des musiciens de studio et des spécialistes de la musique populaire, le mot anglais « remix » est souvent employé pour désigner une chanson ou une pièce musicale déjà connue, dont on a modifié les rythmes ou l'orchestration grâce à des montages. Dans certains cas, on se limite à ajouter quelques effets électroniques.

Le mot proposé pour désigner l'opération elle-même est **réorchestration**. Ce terme un peu lourd est généralement réservé à la langue technique. Dans la langue de tous les jours, pour désigner le morceau réorchestré, on peut utiliser le terme **nouvelle version**.

95 — L'argenterie est-elle une coutellerie en argent ?

La **coutellerie** est l'industrie des couteaux et des instruments tranchants, en général. On appelle aussi **coutellerie** les produits de cette industrie, en l'occurrence les différents types de couteaux et d'objets tranchants. Enfin, le mot **coutellerie** peut également désigner le lieu où s'effectue la fabrication ou la vente des couteaux. Chez nous, en revanche, on appelle parfois « coutellerie » un service de couverts qu'on range dans un coffret. Utilisé en ce sens, « coutellerie » est un anglicisme. En français standard, on parlera plutôt d'une **MÉNAGÈRE** ou d'un **SERVICE DE COUVERTS**.

Si les couverts sont en argent, il est pertinent d'employer le mot **argenterie**. Il faut noter qu'**argenterie** peut également désigner l'ensemble de la vaisselle, des ustensiles et des autres objets en argent qu'on trouve dans une maison.

96 — Minimiser est-il synonyme de réduire et de diminuer ?

Le verbe **minimiser** est souvent utilisé à mauvais escient. En effet, **minimiser** n'est pas vraiment synonyme de **réduire** ni de **diminuer**. Par exemple, on ne peut pas dire qu'on rend une voiture plus sûre pour « minimiser » les risques d'accidents. Il faut plutôt dire qu'on rend cette voiture plus sûre pour **RÉDUIRE** les risques d'accidents. Et au lieu de dire qu'on « minimise » la durée d'une intervention, on dira qu'on **ABRÈGE** ou qu'on **ÉCOURTE** une intervention.

En fait, le sens véritable de **minimiser** est présenter comme étant moins important. Dans la plupart des contextes, **minimiser** est synonyme d'**atténuer** ou de **sous-estimer**. Par exemple, on peut dire : Il ne faut pas **minimiser** la gravité du conflit en Irak, c'est-à-dire qu'il ne faut pas **sous-estimer** la gravité de ce conflit.

97 Peut-on se souhaiter bon matin et bon après-midi ?

L'utilisation de « bon matin » n'est pas une faute de français à proprement parler. En effet, la formule « bon matin » est grammaticalement correcte, mais elle n'a pas été consacrée par l'usage. Il est fort probable qu'on dit « bon matin » sous l'influence de l'anglais *good morning*. En français, l'usage veut qu'on se dise **bonjour** quand il fait jour et **bonsoir** après le coucher du soleil. En fait, on dit **bonjour** et non « bon matin » pour la même raison qu'on dit **bonne année** et non « bon premier de l'an ». C'est une simple question d'usage !

La formule **bon après-midi** est plus répandue que « bon matin ». Disons que **bon après-midi** est considérée comme une formule régionale familière. On peut se souhaiter **bon après-midi**, mais on peut également se dire **bonjour**, tout simplement.

98 L'argent non blanchi est-il de l'argent sale ?

Le terme **argent sale** est un calque de l'anglais, mais il est de plus en plus courant dans toute la francophonie. On peut parler d'**argent sale**, mais on peut également utiliser d'autres termes pour désigner la même réalité, en l'occurrence **argent noir**, **argent de source illicite**, **fonds illicites**, **profits illégaux** ou **revenus tirés du crime organisé**.

Mais doit-on parler du **blanchiment d'argent** ou du **blanchissage d'argent** ? Les deux termes sont acceptables, mais **blanchiment** est un peu plus courant que **blanchissage**. On dit également **blanchiment de fonds**. Selon la définition de l'OQLF, le blanchiment d'argent est le processus par lequel des fonds provenant d'activités illicites sont transférés dans des instruments de placement légaux ou convertis en d'autres biens, dans le but d'effacer toute trace de l'origine frauduleuse.

99 Tout à fait est-il synonyme de oui ?

La locution adverbiale **tout à fait** est tout à fait correcte, c'est le cas de le dire ! C'est son utilisation qui est parfois abusive. **Tout à fait** est à peu près synonyme des adverbes **entièrement**, **complètement** et **absolument**. Par exemple, on peut dire : Votre proposition est TOUT À FAIT inacceptable. De même, pour dire qu'on est d'accord avec une affirmation, l'utilisation de **tout à fait** ou de l'adverbe **absolument** est correcte. Par exemple, si on vous dit « C'est vraiment dommage qu'il ne puisse pas venir », on peut répliquer : **Tout à fait** (ou **absolument**).

Par contre, on ne devrait pas utiliser **tout à fait** pour répondre affirmativement à une question lorsqu'un simple **oui** suffit. Par exemple, si on vous demande : Avez-vous faim ? Dans l'affirmative, il faut répondre **OUI** et non « tout à fait ».

100 Combien de paires de jeans possédez-vous ?

Par définition, il faut deux éléments pour faire une paire. Il est donc tout à fait correct de parler d'une paire de gants, d'une paire de bas ou d'une paire de lunettes, puisque dans ces cas, on est en présence de deux éléments de même nature. Dans le cas d'un jean, d'un pantalon ou d'une culotte, il n'y a qu'un seul élément. On ne peut donc pas utiliser le mot «paire» comme on le fait en anglais. On parlera donc d'un **JEAN** et non d'une «paire de jeans».

Le mot anglais *jean* est accepté en français et il figure dans tous les dictionnaires généraux depuis de nombreuses années. **Jean** est un nom singulier. Bien sûr, **jean** prend un **s** au pluriel. On écrira, par exemple : Je me suis acheté un jean bleu et deux jeans noirs. Rappelons cependant qu'en français, l'**s** du pluriel est toujours muet. Il faut donc prononcer **DJÎNN** et non «djînnz».

101   Un condo peut-il couler ?

Disons d'abord que «condominium» et «condo» sont des anglicismes encore critiqués, même si on les trouve dans la plupart des dictionnaires modernes. En français, c'est plutôt le mot **COPROPRIÉTÉ** qu'il faut privilégier. Maintenant, un navire peut couler (c'est-à-dire qu'il peut sombrer) et un récipient peut couler (c'est-à-dire qu'il peut laisser échapper le liquide qu'il contient), mais à moins d'habiter une péniche ou un aquarium, il n'est pas vraiment pertinent de dire que sa copropriété coule !

On ne peut pas dire non plus qu'un toit, un mur ou un sous-sol «a une fuite». Une fuite, c'est le fait, pour un liquide ou un gaz, de s'échapper d'un contenant et non d'y pénétrer. Il est plus approprié d'utiliser le terme **INFILTRATION D'EAU** pour désigner les ennuis d'étanchéité des immeubles.

102   Faut-il être américain pour être has-been ?

Nos amis américains appellent *has-been* une personnalité publique ou une vedette qui a fini par sombrer dans l'oubli et l'indifférence. Le mot *has-been* suggère l'idée que la personne a déjà été célèbre à un moment de sa carrière. Malheureusement, il n'existe pas encore de terme évocateur, en français, pour désigner cette réalité. Il y a quelques années, *Termium*, la banque de terminologie du Secrétariat d'État, a proposé **CÉLÉBRITÉ DÉMONÉTISÉE** pour remplacer l'anglicisme « has-been ». Bien qu'il soit intéressant, ce terme ne s'est pas vraiment imposé. Le verbe **démonétiser** s'utilise généralement en parlant d'une pièce de monnaie qu'on retire de la circulation. Dans la langue courante, en revanche, au lieu de dire qu'un artiste est un « has-been », on peut dire que cet artiste **A FAIT SON TEMPS** ou qu'**IL EST FINI**.

103 Est-ce que ça vous tente d'apprendre quelque chose ?

Le verbe **tenter** peut être suivi d'un complément d'objet direct, mais pas d'un complément d'objet indirect. Par conséquent, une chose peut **tenter quelqu'un**, mais elle ne peut pas « tenter à quelqu'un ».

Rappelons également que la locution **ça me tente de**, suivie d'un infinitif, est considérée comme abusive. On peut dire, par exemple : Il m'a demandé d'aller au cinéma avec lui, mais **ça ne me tente pas**. En revanche, il est incorrect de dire : « Ça ne me tente pas d'aller au cinéma avec lui. » En effet, il est plus correct de dire : **JE N'AI PAS ENVIE D'**aller au cinéma avec lui, **ÇA NE ME DIT PAS D'**aller au cinéma avec lui, ou **JE N'AI PAS LE GOÛT D'**aller au cinéma avec lui. Enfin, la locution **avoir le goût de** est considérée comme un régionalisme de bon aloi.

104 Jusqu'à quel âge est-on baveux ?

Une personne baveuse est une personne qui bave, littéralement. Par exemple, on peut parler d'un enfant baveux.

Un enfant baveux est un enfant qui salive beaucoup. Dans la langue de la gastronomie, une omelette baveuse est une omelette légèrement cuite dont l'intérieur demeure coulant.

Chez nous, on utilise parfois l'adjectif **baveux** pour qualifier des personnes dont l'attitude est insolente ou méprisante. On suppose que l'adjectif **baveux** et le verbe **baver** seraient de simples déformations du verbe **braver**. Quoi qu'il en soit, utilisé en ce sens, **baveux** est un régionalisme qu'on devrait réserver à la langue familière. Dans une langue un peu plus soutenue, il est préférable d'utiliser les adjectifs **ARROGANT, INSOLENT, MÉPRISANT, IMPERTINENT** ou **EFFRONTÉ**.

105 Une joute de hockey se joue-t-elle à cheval ?

Une **joute** est un type de combat à la lance et à cheval qu'on pratiquait au Moyen Âge. En français moderne, **joute** est principalement utilisé dans les locutions **joute politique** et **joute oratoire**. La **joute politique** est un simple affrontement entre deux politiciens et la **joute oratoire** est une sorte de combat verbal. Dans la langue des sports, il faut éviter d'utiliser le mot **joute**. Étrangement, c'est plutôt le terme anglais **match** qu'il faut employer. Le **match** est aussi français que la joute, puisque ce mot est attesté en français depuis plus de 150 ans. Le mot **partie** est aussi acceptable, mais en principe, on devrait réserver son utilisation aux jeux et aux activités récréatives.

106 La banqueroute est-elle pire que la faillite ?

Banqueroute n'est pas tout à fait synonyme de **faillite**. La **faillite**, c'est la situation d'un débiteur qui ne peut plus payer ses dettes. Même une personne parfaitement honnête peut être acculée à la faillite dans des circonstances indépendantes de sa volonté. La **banqueroute** est également une faillite, mais une faillite frauduleuse.

Banqueroute vient des mots italiens *banca* et *rotta*. *Banca*, comme on le devine, signifie **banque** ou, plus précisément, le comptoir du banquier. *Rotta* est un participe passé qui signifie **rompu**, **brisé** ou **cassé**. Donc, *banca rotta* signifie littéralement **comptoir brisé**. Dans l'Italie du XVe siècle, quand un banquier faisait faillite, l'État ordonnait qu'on brise son instrument de travail, en l'occurrence son comptoir. D'où l'expression *banca rotta*, qui a donné **banqueroute**.

107 — Où met-on la clé d'une maison lorsqu'on part à la dérobée ?

L'expression consacrée pour exprimer le fait de partir furtivement ou de déménager sans laisser d'adresse est **METTRE LA CLÉ SOUS LA PORTE** et non « mettre la clé dans la porte ». On ne devrait utiliser cette expression que dans les cas où la personne disparaît dans la nature. En Europe, on utilise parfois la locution **DÉMÉNAGER À LA CLOCHE DE BOIS** pour exprimer cette réalité. Toutefois, cette formule pittoresque un peu vieillie est rarement usitée chez nous.

En revanche, dans le cas d'un commerce qui ferme ses portes dans des circonstances normales, au lieu de dire que le propriétaire a « mis la clé dans la porte », on dira plutôt que le propriétaire a **FERMÉ BOUTIQUE**. Il est également correct de dire que le commerce a **FERMÉ DÉFINITIVEMENT SES PORTES**.

108 — Ajustable est-il synonyme de réglable ou d'adaptable ?

Les adjectifs **ajustable**, **réglable** et **adaptable** sont à peu près synonymes. **Ajustable** est bien français, même si on ne le trouve pas encore dans tous les dictionnaires. Une chose ajustable est une chose qu'on peut régler avec précision. Par exemple, on peut parler d'un support ajustable ou d'une tablette ajustable. L'adjectif **réglable**, qui est utilisé dans tous les pays francophones, a à peu près le même sens. Par exemple, on parlera d'un volant réglable ou d'un appuie-tête réglable.

Enfin, l'adjectif **adaptable** est surtout associé à la capacité de transformation et à la souplesse d'utilisation. Par exemple, un lave-vaisselle adaptable est un lave-vaisselle mobile qu'on peut facilement transformer en lave-vaisselle encastré et vice-versa.

109 — Le terme jingle est-il français ?

L'anglicisme **jingle** figure maintenant dans la plupart des dictionnaires. Ce terme très répandu dans le domaine de la publicité et de la radiodiffusion désigne une ritournelle qui vante un produit ou un service à des fins publicitaires. Il arrive même parfois qu'un air composé spécialement pour un produit ou un service devienne une mélodie à succès.

Bien que **jingle** soit accepté et qu'il soit couramment utilisé dans le jargon de la publicité, il faut retenir qu'on peut également utiliser des termes bien français pour désigner cette réalité, en l'occurrence **REFRAIN PUBLICITAIRE** et **RITOURNELLE PUBLICITAIRE**. Le néologisme **sonal**, dont l'utilisation a déjà été recommandée par un organisme international, ne s'est pas encore implanté chez nous.

110 — Peut-on être gré à quelqu'un de quelque chose ?

On ne peut pas « être gré » puisque **gré** est synonyme de **gratitude** et de **reconnaissance**. La locution consacrée est **SAVOIR GRÉ** à quelqu'un de quelque chose. Mais pourquoi a-t-on parfois tendance à remplacer le verbe **savoir** par le verbe **être** dans cette expression? Peut-être est-ce en raison de la similitude entre la formule correcte je vous **SAURAIS GRÉ** et la formule fautive je vous «serais gré».

Il faut préciser que la locution **savoir gré** appartient essentiellement à la langue écrite et qu'elle est de moins en moins employée en français moderne. Dans la langue parlée, de nos jours, on dit rarement: Je vous sais gré de m'avoir invité. On dira plutôt: **JE VOUS SUIS RECONNAISSANT** de m'avoir invité ou, plus simplement, **JE VOUS REMERCIE** de m'avoir invité.

111 Des personnes peuvent-elles se ramasser?

Prévert a dit: *Les feuilles mortes se ramassent à la pelle.* Dans cette belle phrase, le verbe **ramasser** est correctement employé à la forme pronominale. En revanche, quand il est synonyme de **SE RETROUVER**, «se ramasser» est considéré comme un régionalisme à éviter. Par exemple, il faut éviter de dire: Le motocycliste «s'est ramassé» dans le fossé. Il faut plutôt dire: Le motocycliste **S'EST RETROUVÉ** dans le fossé.

La locution «se ramasser» est également fautive lorsqu'elle sert à exprimer le fait de ramasser ses affaires. Par exemple, on ne devrait pas dire à un enfant: «Ramasse-toi», la visite arrive. On lui dira plutôt: **RANGE TES JOUETS**, la visite arrive. Et au lieu de dire à un ami désordonné de «se ramasser un peu», on peut lui dire de **FAIRE UN PEU DE MÉNAGE** ou de **METTRE UN PEU D'ORDRE**.

112 — Sè et ne sont-ils des chiffres ?

Contrairement aux chiffres **cinq, six, huit** et **dix**, dont la consonne finale devient muette devant un mot commençant par une consonne, les chiffres **sept** et **neuf** se prononcent toujours **SÈT** et **NEUF**, de nos jours, même devant un mot commençant par une consonne. Lorsqu'on dit **5 jours, 6 voitures, 8 chaises** et **10 dollars**, les chiffres **5, 6, 8** et **10** se prononcent respectivement **CIN, SI, HUI** et **DI**. En revanche, on dira : Les sept péchés capitaux (**SÈT** et non « sè ») et les trente-neuf marches (**NEUF** et non « ne »). Bien qu'elles ne soient pas vraiment condamnables, les prononciations « sè » et « ne » sont considérées comme vieillies.

Le chiffre **neuf** a une petite particularité : On fait toujours la liaison en **F** devant une voyelle ou un **h** muet, sauf devant les mots **ans, autres, heures** et **hommes** où la liaison se fait en **v**. Par exemple, **9 ans, 9 autres, 9 heures** et **9 hommes** se prononcent respectivement **NE-VAN, NE-VÔTR, NE-VEUR** et **NE-VOM**.

113 — Moi, pour un, les anglicismes m'agacent, pour dire le moins...

Depuis quelques années, on assiste au retour d'anglicismes qui avaient pour ainsi dire disparu de la circulation. « Moi, pour un » est un de ces calques pratiquement oubliés qui ont refait surface. Selon le contexte, on peut remplacer cet anglicisme par **PERSONNELLEMENT, QUANT À MOI, EN CE**

QUI ME CONCERNE, POUR MA PART, SELON MOI, D'APRÈS MOI ou À MON AVIS. D'autres anglicismes, qu'on n'avait jamais entendus auparavant, ont fait leur apparition dans la langue populaire. C'est le cas de l'expression «pour dire le moins». Comme on peut facilement le deviner, «pour dire le moins» est la traduction littérale de l'expression anglaise *to say the least*. L'expression consacrée pour remplacer cet anglicisme est: **C'EST LE MOINS QU'ON PUISSE DIRE**. Personnellement, les anglicismes m'agacent, c'est le moins qu'on puisse dire!

114 — Une voiture peut-elle rouler à 200 kilomètres-heure?

Bien qu'on la trouve maintenant dans la plupart des dictionnaires, la locution «kilomètre-heure» est critiquée tant par les spécialistes de la langue que par les scientifiques. Lorsque deux éléments d'une formule sont joints par un trait d'union ou fusionnés en un seul mot, les deux éléments doivent se multiplier. Dans le cas des **kilowattheures**, par exemple, on multiplie les kilowatts par le nombre d'heures.

En revanche, pour exprimer la vitesse d'un véhicule routier, il est plus correct d'utiliser la formule **KILOMÈTRE À L'HEURE**, puisque le nombre de kilomètres n'est pas multiplié par le nombre d'heures. Cette formule exprime plutôt le nombre de kilomètres parcourus à une vitesse constante pendant une heure. D'ailleurs, avant l'implantation du système métrique, nous roulions à 60 **milles à l'heure** sur les autoroutes et non à 60 «milles-heure»!

115 — Le verbe gricher appartient-il à la langue de l'électronique ou à la langue de la coiffure ?

« Gricher » est une déformation de **grincer**. Pour exprimer le fait d'émettre un bruit strident et désagréable, il faut plutôt utiliser les verbes **GRINCER** et **CRISSER**. Par exemple, une charnière peut grincer et les roues d'une locomotive peuvent crisser sur les rails. Et au lieu de dire qu'un poste de radio « griche », on dira qu'il **GRÉSILLE**. Pour désigner le bruit que font parfois les haut-parleurs, on utilisera les mots **GRÉSILLEMENT, FRITURE** ou **PARASITES** et non « grichage ».

Dans la langue de la coiffure, au lieu de dire qu'on « griche les cheveux » de quelqu'un, on doit plutôt dire qu'on lui **CRÊPE LES CHEVEUX**. Le **crêpage** est une technique capillaire, qui consiste à gonfler les cheveux en les repoussant de la pointe vers la racine avec un peigne ou une brosse.

116 — Quel rapport y a-t-il entre l'alcool, le sucre et le magasin ?

Outre le fait qu'on achète l'alcool et le sucre au magasin, ces trois mots ont quelque chose en commun : ils viennent de l'arabe. Un bon nombre de mots commençant par **al** sont d'origine arabe. Par exemple, **alcool, alambic, algèbre** et **alchimie** sont des termes que la langue arabe nous a légués. Les Arabes de l'Antiquité étaient réputés pour leurs connaissances scientifiques. C'est pourquoi beaucoup de mots d'origine arabe sont associés à la science ou aux mathématiques.

Les Arabes de Sicile et d'Andalousie cultivaient la canne à sucre. **Sucre** vient du mot arabe *sukkar*, en passant par l'italien *zucchero*. Enfin, **magasin** est la prononciation francisée de *makhazin*, qui signifie **dépôt** en arabe. À l'origine, ce mot désignait les commerces tenus par les chrétiens dans certaines villes du Maghreb.

117 Tout ce qui est divertissant est-il distrayant ?

Ces deux adjectifs ont à peu près le même sens. L'adjectif **divertissant** qualifie ce qui distrait en amusant, ce qui chasse l'ennui. Généralement, on associe cet adjectif à une activité récréative, culturelle ou artistique.

L'adjectif **distrayant** sert à qualifier ce qui permet de détendre l'esprit, de se changer les idées et, bien sûr, de se distraire. **Distrayant** n'a pas le même sens que l'adjectif anglais *distracting*, qui qualifie ce qui nous empêche de nous concentrer. En français, pour exprimer cette idée, il faut plutôt utiliser les adjectifs **gênant**, **incommodant** ou **ennuyeux**.

118 À quel mode doit-on conjuguer le verbe qui suit la locution il semble que ?

La locution **il semble que** peut être suivie d'un verbe à l'indicatif, au conditionnel ou au subjonctif, selon le degré de certitude qu'on veut exprimer.

Si on dit :	On veut dire…
Il semble qu'**il y aura** une augmentation des prix du pétrole.	qu'il y aura <u>presque assurément</u> une augmentation.
Il semble que les tensions sociales **seraient** moindres si le contexte économique changeait.	que les tensions sociales seraient <u>fort probablement</u> moindres si le contexte économique changeait.
Il semble que le ministre **soit** sur le point de remettre sa démission.	que la démission du ministre est <u>possible, mais certainement pas inévitable</u>.

Bien sûr, lorsqu'il y a certitude absolue, on évitera d'utiliser la locution **il semble que**.

119 Les gens d'affaires ont-ils des attachés-cases ?

L'anglicisme **attaché-case** est accepté en français. **Attaché** est un terme que nos amis anglophones nous ont emprunté pour désigner un agent diplomatique. Bien qu'il soit répandu dans toute la francophonie, **attaché-case** est un emprunt assez inutile puisqu'on peut toujours le remplacer, selon le cas, par d'autres mots bien français, en l'occurrence **SERVIETTE**, **PORTE-DOCUMENTS** ou **MALLETTE**.

La **serviette** est un sac pliant comportant des compartiments dans lesquels on peut ranger des dossiers pour les transporter. La **serviette** est généralement munie d'une poignée. Le **porte-documents** est une serviette très plate, qui se ferme au moyen d'une fermeture éclair ou d'un rabat. Enfin, la **mallette** est une petite valise rigide qui peut servir à transporter des documents et bien d'autres choses.

120 — Une entreprise peut-elle offrir une pléiade de services ?

Une **pléiade** est un groupe de personnes remarquables, importantes et éminemment compétentes. Autrement dit, une **pléiade** est un groupe de personnes formant une élite dans un domaine donné. En principe, ce mot ne devrait s'appliquer qu'aux personnes. Par exemple, on peut parler d'une pléiade d'auteurs. Dans le cadre d'une émission de radio ou de télévision, on parle parfois d'une pléiade d'invités. Cette utilisation du mot **pléiade** est pertinente, dans la mesure où les invités sont des personnalités prestigieuses.

Pour désigner un grand nombre de choses abstraites ou concrètes, le mot **pléiade** n'est pas vraiment indiqué. Au lieu de parler d'une «pléiade» de services, par exemple, il faut plutôt parler d'une **FOULE**, d'une **VARIÉTÉ**, d'une **GAMME** ou d'une **MULTITUDE** de services.

121 — Les mots laitue et salade sont-ils synonymes ?

En réalité, tous les légumes à feuilles qu'on utilise dans les salades peuvent porter le nom de **salade**. En effet, la laitue, la chicorée, le cresson et les épinards sont des salades. Il n'y a pas si longtemps, le choix d'herbes dites potagères était assez limité chez nous et, quand on utilisait les mots **salade** ou **laitue**, on voulait presque toujours parler de la fameuse laitue **iceberg**. Soit dit en passant, la laitue **iceberg** tient son nom du fait qu'autrefois, les marchands recouvraient cette laitue de glace pour la conserver pendant le transport.

Bien sûr, on appelle également **salade** un mélange de légume, de fruits et d'autres aliments, parfois accompagné d'une vinaigrette. Quand une salade est exclusivement composée de feuilles, on peut parler de **mesclun**.

122 Doit-on caller les shots avant le last-call ?

La locution « caller les shots » est un anglicisme à éviter. Selon le contexte, on peut remplacer cette inélégante impropriété par les expressions : **MENER LE JEU, DIRIGER LES OPÉRATIONS, TENIR LE GOUVERNAIL** et **MENER LA BARQUE**.

Mais que dire du fameux « last call » ? Dans un débit d'alcool, une boîte de nuit ou une discothèque, l'anglicisme « last call » désigne le dernier service d'alcool avant la fermeture de l'établissement. L'équivalent français est donc **DERNIER SERVICE**. Au figuré, on peut parfois remplacer « last call » par **DERNIÈRE CHANCE**. Par exemple, on évitera de dire : C'est mon *last call*, après ce sera trop tard. On dira plutôt : **C'EST MA DERNIÈRE CHANCE, APRÈS CE SERA TROP TARD**.

123 Une femme peut-elle se dire self-made man ?

Le terme anglais *self-made man* se trouve dans les dictionnaires, mais son utilisation est critiquée. En outre, on ne propose aucune forme féminine. Malheureusement, la langue française n'a pas encore de terme spécifique pour désigner un homme ou une femme qui doit sa situation avantageuse à l'excellence de son travail, à sa débrouillardise et à sa persévérance. Mais rassurez-vous, on peut toujours se tirer d'affaire en utilisant des périphrases très imagées.

Par exemple, au lieu de dire « c'est une *self-made man*, on peut dire : **ELLE A RÉUSSI PAR SES PROPRES MOYENS** ou encore **ELLE EST L'ARTISANE DE SON SUCCÈS**. Dans une langue un peu plus soutenue, on peut également dire d'une femme qui a réussi sans l'aide de personne qu'**ELLE EST LA FILLE DE SES ŒUVRES**.

124 | Êtes-vous une personne glamoureuse ?

Certains linguistes croient que le mot anglais *glamour* est une déformation phonétique du mot *grammar*, qui signifie **grammaire**. Autrefois, le mot anglais *grammar* était associé à la connaissance en général, mais aussi à la connaissance de la magie. À l'origine, donc, les Anglais utilisaient le mot dérivé *glamour* pour désigner une sorte de charme ou d'envoûtement.

Étonnamment, l'adjectif **glamoureux** et le substantif **glamour** figurent maintenant dans la plupart des dictionnaires français. Ces anglicismes appartiennent à la langue familière à la mode. Quoi qu'il en soit, il est tout de même bon de se rappeler qu'on peut toujours utiliser les mots **ÉLÉGANCE, PRESTIGE** ou **CHARME** au lieu de **glamour**. Quant à **glamoureux**, on peut le remplacer avantageusement par les adjectifs **PRESTIGIEUX, CHARMEUR** ou **SÉDUISANT**.

125   Avez-vous déjà rencontré un problème ?

On ne peut pas vraiment « rencontrer » un problème. **ON FAIT FACE À** un problème ou **ON A** un problème, tout simplement. Et bien sûr, on peut également dire qu'**ON ÉPROUVE** des difficultés. Il faut toujours éviter les mauvaises rencontres ! Sous l'influence de l'anglais, on abuse parfois du verbe **rencontrer**.

On ne « rencontre » pas...

un besoin	on **SUBVIENT À**, on **RÉPOND À** ou on **SATISFAIT** un besoin.
une condition	on **REMPLIT** une condition.
un délai	on **RESPECTE** un délai.
une demande	on **RÉPOND À**, on **SUFFIT À** ou on **SATISFAIT À** une demande.
une dette	on **S'ACQUITTE D'**une dette ou on **PAYE** une dette.
une difficulté	on **CONNAÎT** ou on **ÉPROUVE** une difficulté.
une échéance	on **RESPECTE** une échéance.
un engagement	on **FAIT HONNEUR À**, on **TIENT** ou on **RESPECTE** un engagement.
une exigence	on **RÉPOND À** ou on **SATISFAIT À** une exigence.
des frais	on **FAIT FACE À** ou on **SUPPORTE** des frais.
une norme	on **EST CONFORME À**, on **SATISFAIT À** ou on **RESPECTE** une norme.

un objectif	on **ATTEINT** ou on **RÉALISE** un objectif.
une obligation	on **S'ACQUITTE D'**une obligation ou on **RESPECTE** une obligation.

126 Une maladie peut-elle être infectueuse ?

Une maladie ne peut pas être « infectueuse », puisque l'adjectif « infectueux » n'est pas reconnu en français. Pour qualifier ce qui s'accompagne d'infection ou ce qui est caractérisé par l'infection, il faut utiliser l'adjectif **INFECTIEUX**. **Infectieux** vient du mot **infection**. On a parfois tendance à prononcer « infectueux » par analogie avec l'adjectif **affectueux**. En effet, une personne qui démontre de l'**affection** est une personne **affectueuse**.

Mais alors pourquoi dit-on **affectueux** et non « affectieux » ? En fait, on ne dit pas « affectieux » parce que l'adjectif **affectueux** ne dérive pas du substantif **affection**. **Affectueux** vient plutôt de l'adjectif latin *affectuosus*.

127 Les portes pliantes sont-elles des portes accordéons ?

Pas tout à fait. La **PORTE PLIANTE** est une porte composée de deux panneaux articulés, tandis que la **PORTE ACCORDÉON** est une porte composée de plusieurs panneaux articulés. La **porte accordéon** rappelle le soufflet de l'accordéon, d'où son nom.

128 — Peut-on patcher un mur ?

Le verbe « patcher » et les autres mots de la même famille, en l'occurrence « patch » et « patchage », sont des anglicismes à éviter. Pour exprimer le fait de rendre quelque chose étanche en bouchant une fissure, par exemple, c'est le verbe **COLMATER** qu'il faut employer. On peut également remplacer « patcher » et « faire du patchage » par **RETOUCHER** ou **FAIRE DES RETOUCHES**. Dans d'autres contextes, au lieu de dire qu'on fait du « patchage », on peut dire qu'on fait du **RAPIÉÇAGE**, du **RACCOMMODAGE**, du **RAFISTOLAGE** ou du **REPLÂTRAGE**, selon le cas. Il est intéressant de noter que tous ces mots peuvent également s'employer au figuré. Enfin, la petite rondelle de caoutchouc adhésive qu'on utilise pour réparer la chambre à air d'un pneu de vélo est une **RUSTINE** et non une « patch ».

129 — Trouve-t-on des patates chaudes ailleurs que dans les assiettes ?

Sous l'influence de l'anglais, on appelle familièrement **patate chaude** une question délicate dont personne ne veut s'occuper. Certaines expressions anglaises imagées ou cocasses sont difficilement transposables dans les autres langues. Les équivalents français de *hot potato* sont **SUJET BRÛLANT**, **SUJET CONTROVERSÉ**, **QUESTION DÉLICATE** ou **PROBLÈME ÉPINEUX**. On peut également dire qu'une chose est une **SOURCE D'EMBARRAS**. Dans la langue soutenue, on devrait s'en tenir à ces locutions bien connues. Dans la langue familière, en revanche, on peut se permettre de conserver la sympathique métaphore de la patate chaude. D'ailleurs, dans le *Petit Robert*, on trouve l'expression **se refiler la patate chaude**. On précise toutefois qu'il s'agit d'un calque de l'anglais.

130 — Y a-t-il des champignons venimeux dans nos forêts ?

Il n'y a absolument aucun « champignon venimeux » dans nos forêts ! Il ne faut pas confondre les adjectifs **venimeux** et **vénéneux**. Bien qu'ils aient à peu près la même origine, ces deux mots ont des sens différents. Pour qualifier les végétaux qui contiennent une substance toxique, c'est l'adjectif **VÉNÉNEUX** qu'il faut employer. Par exemple, certains champignons sont **vénéneux**.

En revanche, l'adjectif **venimeux** qualifie un animal qui injecte ou qui crache un venin. Par exemple, on peut parler d'un serpent venimeux ou d'une araignée venimeuse. Le mot « vlimeux », qu'on utilisait autrefois dans la langue familière de chez nous, était une déformation de **venimeux**. Un « vlimeux » était une personne fourbe dont il fallait se méfier, même si elle ne crachait pas de venin !

131 — Est-ce qu'on devrait utiliser la formule est-ce que ?

Évidemment, l'utilisation de la formule **est-ce que** n'est pas condamnable. Par contre, elle peut alourdir inutilement les phrases interrogatives. Par exemple, on

évitera de demander à un ami : « Est-ce que » tu as aimé le film ? On lui dira plutôt
AS-TU AIMÉ LE FILM ?

Le seul cas où l'emploi de la formule **est-ce que** est recommandé, pour ne pas dire obligatoire, c'est quand le verbe est conjugué à la première personne du singulier du présent de l'indicatif. On dira, par exemple, **EST-CE QUE JE PARLE TROP VITE ?** au lieu de « parlé-je trop vite » ? Et encore là, il est parfois possible d'éviter la formule **est-ce que**, en l'occurrence avec les verbes **être, avoir, pouvoir** et **aller**. Par exemple, on peut dire : **SUIS-JE LE PREMIER ?, AI-JE ASSEZ D'ARGENT ?, PUIS-JE VOUS AIDER ?** ou **VAIS-JE ARRIVER TROP TARD ?**

132 Le zappeur zappe-t-il avec une zapette ?

Zapper, zappage, zapping et **zappeur**... Tous ces beaux mots figurent maintenant dans la plupart des dictionnaires. **Zapper**, c'est le fait de passer plus ou moins fréquemment d'une chaîne de télévision à l'autre au moyen d'une télécommande. **Zapper** est synonyme des verbes familiers **pianoter** et **pitonner**. On peut également dire qu'on fait du **saute-bouton** ! **Saute-bouton** est un synonyme fantaisiste des mots **zapping** et **zappage**.

Le **zappeur** est une personne qui fait un usage un peu abusif de sa télécommande. Au figuré, un **zappeur** est une personne qui passe sans cesse d'une chose à l'autre. Le zappeur est une sorte de **touche-à-tout**.

Enfin, **zappette** est un synonyme familier de **télécommande**. Le mot **zappette** est plus courant chez nous qu'en Europe.

133 — Avez-vous de quoi à nous demander?

La locution **de quoi** est tout à fait correcte lorsqu'elle est immédiatement suivie d'un verbe à l'infinitif. Par exemple, on peut dire : il n'y a pas de quoi rire, vous avez de quoi vous amuser ou il n'y a pas de quoi fouetter un chat. En revanche, dans une phrase interrogative, on ne devrait pas utiliser la locution **de quoi** sans la faire suivre d'un infinitif. Cette façon de s'exprimer est excusable chez les très jeunes enfants, mais elle est critiquable chez les adultes.

Dans presque tous les cas, on peut remplacer « de quoi » par **QUELQUE CHOSE**. Par exemple, on évitera de dire : Avez-vous « de quoi » à nous demander? On dira plutôt : Avez-vous **QUELQUE CHOSE** à nous demander? Et on évitera de dire : Il y a « de quoi » de bizarre dans ma soupe. On dira plutôt : Il y a **QUELQUE CHOSE** de bizarre dans ma soupe.

134 — Peut-on parler d'un ordinateur de 3 000 dollars?

Sous l'influence de l'anglais, on utilise souvent la locution **on parle de** lorsqu'il est question d'une somme d'argent ou d'un certain nombre de choses ou de personnes. En français, on préfère les locutions **il s'agit de**, **il est question de** ou **nous sommes en présence de**. Par exemple, on évitera de dire : « On parle d'un » ordinateur de 3 000 dollars. On dira plutôt : **IL S'AGIT D'UN ORDINATEUR DE 3 000 DOLLARS**.

Et, bien sûr, on peut également dire : **C'EST UN ORDINATEUR DE 3 000 DOLLARS**.

De même, pour commenter un accident de la route, on dira plutôt : « On parle de » trois morts. On dira plutôt : **ON COMPTE TROIS MORTS** ou **L'ACCIDENT A FAIT TROIS MORTS**. Si on ne connaît pas le nombre exact de personnes qui ont péri dans l'accident, on peut dire : **ON ESTIME À TROIS LE NOMBRE DE VICTIMES**.

135 — Peut-on dire de quelqu'un qu'il est vite en affaires ?

Il n'est pas franchement condamnable de dire d'une personne qu'elle est « vite en affaires », mais il faut quand même retenir que, de nos jours, **vite** est pratiquement toujours employé comme adverbe. En français moderne, **vite** est parfois utilisé comme adjectif dans la langue du sport. Dans les autres domaines, cependant, cette utilisation du mot **vite** est considérée comme littéraire ou archaïque.

Mais peu importe le contexte, il est toujours préférable d'employer les adjectifs **rapide** ou **prompt** au lieu de **vite**. Dans les autres pays francophones, au lieu de dire qu'une personne est « vite en affaires », on dira qu'elle **VA VITE EN BESOGNE**. Cette expression familière n'est pas très répandue chez nous. Quoi qu'il en soit, on peut toujours contourner le problème et dire que la personne en question **NE PERD PAS DE TEMPS**.

136 — Tout ce qui est sinistre est-il funeste ?

Dans son sens premier, l'adjectif **sinistre** servait à qualifier ce qui fait craindre un malheur. De nos jours, **sinistre** est synonyme de **triste**, de **lugubre** ou d'**ennuyeux**, selon le contexte. Comme substantif, **sinistre** était, à l'origine, synonyme de catastrophe. De nos jours, **sinistre** est un terme de la langue des assurances, qui désigne une perte causée par un événement préjudiciable susceptible d'entraîner une indemnisation de la part d'un assureur.

L'adjectif **funeste**, qu'on utilise rarement chez nous, vient du mot latin *funus* qui a également donné les termes plus courants **funèbre** et **funérailles**. Autrefois, l'adjectif **funeste** servait à qualifier ce qui concerne la mort et même ce qui cause la mort. En français moderne, **funeste** qualifie ce qui porte avec soi le malheur et la désolation et par extension, ce qui est de nature à entraîner des problèmes sérieux ou des dommages considérables.

137 — Un homme peut-il faire des montées de lait ?

La locution **montée de lait** n'a pas de sens figuré. Dans la langue médicale, la **montée du lait** est simplement la sécrétion du lait maternel. Depuis quelques années, certaines personnes utilisent la locution **montée de lait** pour exprimer la frustration et la colère engendrées par certaines situations. Chez une femme qui vient de donner naissance à un

enfant, la montée du lait est parfois douloureuse, mais elle ne suscite pas la colère.

Lorsqu'une chose nous irrite profondément, on évitera de dire: «Ça me fait faire des montées de lait». Il est plus pertinent de dire, selon l'intensité de l'irritation: **ÇA M'AGACE, ÇA M'IRRITE, ÇA M'EXASPÈRE, ÇA ME MET EN COLÈRE** ou **ÇA M'ENRAGE**. Dans la langue familière, on peut également dire: **ÇA ME FOUT EN ROGNE, ÇA ME DONNE DES BOUTONS** ou **ÇA ME DONNE DE L'URTICAIRE.**

138 — Se met-on sur son 31 ou sur son 36 ?

Chez nous, on **se met sur son 36**, mais dans les autres pays francophones, on **se met sur son 31**. **Se mettre sur** est une tournure archaïque qui équivalait à **mettre sur soi**. Donc, on mettait sur soi un **trente et un**. Mais quel rapport y a-t-il entre le nombre **trente et un** et les beaux vêtements? Il n'y a aucun rapport, en fait. On suppose que **trente et un** serait une déformation du mot **trentain**, qui désignait un tissu de luxe fait de 30 séries de cent fils. **Trentain** a fini par se prononcer **trente-un**, puis **trente et un**.

Enfin, l'expression **se mettre sur son 36** est considérée comme un régionalisme acceptable. Selon certains historiens de la langue, il s'agirait d'une allusion à un tissu dont la largeur standard était de 36 pouces…

139 — Dépose-t-on quelque chose à terre ou par terre ?

On a parfois l'impression de mieux parler lorsqu'on dit **par terre** au lieu d'**à terre**. Pourtant, les deux expressions sont tout à fait correctes.

Il n'y a pas si longtemps, on attribuait aux locutions **à terre** et **par terre** des sens légèrement différents. On disait qu'une personne ou une chose tombait **PAR TERRE** lorsque cette personne ou cette chose touchait déjà le sol au moment de sa chute. Par exemple, on aurait pu dire : Il a trébuché et il est tombé **par terre**. En revanche, lorsque la personne ou la chose ne touchait pas déjà le sol au moment de sa chute, on utilisait plutôt la locution **À TERRE**. Par exemple, on aurait pu dire : Le laveur de vitre est tombé de son échafaudage et s'est retrouvé **à terre**. Quoi qu'il en soit, il ne faut pas s'en faire avec cette nuance, puisqu'en français moderne, les deux locutions sont parfaitement synonymes !

140 — Le père noël apporte-t-il vraiment des bébelles ?

Eh bien, oui. On peut réellement dire que le Père Noël a des bébelles dans son sac ! Chez nous, on utilise encore le mot **bébelle** pour désigner des jouets, des objets un peu clinquants ou encore des articles de mauvaise qualité ou carrément de mauvais goût. **Bébelle** est un régionalisme sympathique et tout à fait acceptable dans la langue familière. Beaucoup de gens croient qu'il s'agit d'un mot bien de chez nous. En réalité, **bébelle** est encore très vivant dans certaines régions de France. Par exemple, en Touraine, le mot **bébelle** désigne un jouet pour un petit enfant. En Bourgogne, en revanche, une **bébelle** est un petit objet, tout simplement. Ici, on utilise **bébelle** dans les deux sens, selon le contexte. Il faut toutefois noter que le mot **bébelle** a une connotation péjorative lorsqu'il ne désigne pas un jouet.

141 — Le fichu, le foulard et l'écharpe couvrent-ils les mêmes parties du corps ?

On a parfois tendance à confondre le **fichu**, le **foulard** et l'**écharpe**. Pourtant, ces accessoires vestimentaires sont assez différents. Le **fichu** est un morceau d'étoffe qui couvre la tête, la gorge et les épaules. Le **fichu** est essentiellement un vêtement féminin. Le **foulard**, pour sa part, est en tissu léger et ne couvre que la tête. On peut cependant porter le foulard autour du cou en guise de parure. Encore une fois, ce sont surtout les femmes qui portent le foulard. En revanche, l'**écharpe**, qu'on appelle parfois **cache-col**, peut être portée par les hommes et par les femmes. L'**écharpe** se porte autour du cou et retombe sur les épaules. Enfin, le **cache-nez** est une sorte d'écharpe. Il se porte autour du cou, mais il couvre aussi le bas du visage.

142 — Comment appelle-t-on le fait de tordre le bras à quelqu'un ?

Si vous avez répondu « tordage de bras », vous avez tort ! Il est important de préciser qu'en français, **tordre le bras à quelqu'un**, c'est littéralement soumettre le bras de cette personne à une torsion. Il faut vraiment être violent pour tordre le bras à quelqu'un ! En réalité, cette expression n'a pas de sens figuré reconnu en français. Pour exprimer le fait de forcer une personne à faire quelque chose, l'expression « tordre le bras » est considérée comme un anglicisme. Pour rendre l'expression anglaise *to twist someone's arm*, il faut utiliser l'expression **forcer la main à quelqu'un** et non « tordre le bras à quelqu'un ». Enfin, au lieu de la formule fautive « tordage de bras », on peut utiliser les mots **extorsion, chantage** ou **intimidation**.

143 — L'œil est-il aussi précieux que le bras ou la jambe ?

On utilise parfois l'expression colorée « ça coûte un bras et une jambe » ou sa version abrégée « ça coûte un bras » en parlant d'une chose dont le prix est outrageusement élevé. Ces deux expressions sont des calques de l'anglais. En français, pour exprimer le fait qu'une chose est extrêmement chère, on dit que cette chose **COÛTE LES YEUX DE LA TÊTE**. Les yeux sont bien aussi précieux que les bras ou les jambes ! On ne peut donc pas invoquer le fait que l'expression anglaise est plus imagée.

Si à votre avis, une chose qui **coûte les yeux de la tête** est moins chère qu'une chose qui « coûte un bras et une jambe», vous pouvez toujours dire que cette chose **coûte la peau des fesses**. Toutefois, bien que cette expression amusante soit tout à fait correcte, on limite généralement son utilisation à la langue familière.

144 Le cierge est-il une chandelle et la chandelle est-elle une bougie ?

Comme on sait, la **bougie** est un cylindre de cire muni d'une mèche. Le mot **chandelle** désigne exactement le même objet. Cependant, **chandelle** est beaucoup moins utilisé que **bougie** dans les autres pays francophones. De nos jours, l'emploi du mot **chandelle** est principalement associé à certaines expressions figées comme **brûler la chandelle par les deux bouts**, **faire des** économies de bouts de chandelles, devoir une fière chandelle à quelqu'un et voir 36 chandelles. Dans les autres cas, on emploie plus souvent le mot **bougie**.

Chez nous, bien que le mot **bougie** soit de plus en plus répandu, le mot **chandelle** est encore courant et son emploi est parfaitement acceptable. Quant au **cierge**, il s'agit, bien sûr, d'une bougie en usage dans les cérémonies religieuses chrétiennes.

145 L'influenza est-elle pire que la grippe ?

Les mots **grippe** et **influenza** sont synonymes. **Grippe** vient du verbe **gripper** qui signifie **attraper, saisir fermement**. Ceux qui ont déjà souffert de la grippe comprendront très bien l'analogie. En français moderne, on parle plus souvent de **grippe** que d'**influenza**. D'ailleurs, dans les dictionnaires, on indique généralement qu'**influenza** est vieilli. Chez nous, on utilise encore ce mot dans la langue médicale, peut-être sous l'influence de l'anglais.

Le mot **influenza** vient de l'italien, et plus précisément de l'expression italienne *influenza delle stelle* (qui signifie littéralement **influence des étoiles**). On croyait, à l'origine, qu'on attrapait l'influenza pendant les nuits glaciales d'hiver, quand le ciel était clair et qu'on pouvait voir les étoiles.

146 — La neige des pistes de ski est-elle tassée ou damée ?

On trouve une grande variété de types de neige sur les pistes de ski. La **neige tassée** est une neige aplatie par le passage des skieurs, tandis que la **neige damée** est une neige aplatie avec une machine spéciale. La **neige croûtée** est une neige dont la surface a fondu sous l'action de la chaleur et du vent et qui a formé une mince couche de glace cassante en regelant. La **neige glacée**, qu'on appelle aussi **neige tôlée**, est une neige qui a acquis la consistance de la glace après avoir fondu et regelé en profondeur. Enfin, la **neige cartonnée** est une neige que le vent a fortement tassée en surface et qui a fini par former une croûte. La **neige cartonnée** est très dure, mais elle n'est pas glacée.

147 — Une affaire criminelle peut-elle être froide ?

En anglais, on appelle *cold case* un dossier criminel qui a été mis de côté il y a de nombreuses années, faute d'indices ou de preuves. En français, on utilise plutôt le terme **affaire non résolue**. Le **groupe des affaires non résolues** est un groupe de policiers chargé de relancer ce type de dossiers.

Le **groupe des affaires non résolues** peut rouvrir un dossier en veilleuse lorsque surgissent des éléments susceptibles de permettre la résolution du cas. Par exemple, on peut relancer un dossier lorsqu'on estime qu'il est possible d'effectuer un test d'ADN sur une pièce à conviction, lorsqu'on obtient une confession inattendue ou lorsqu'un nouveau témoin ou un délateur décide de faire un témoignage.

148 — Un homme peut-il porter une sacoche ?

Beaucoup d'hommes portent la sacoche ! Par exemple, on appelle **sacoche** le gros sac dans lequel le facteur transporte les lettres et les colis. En fait, la sacoche est un gros sac utilitaire, généralement en toile ou en cuir, qui sert à transporter des objets quelconques. On appelle également **sacoche** le sac que les écoliers portent en bandoulière.

À l'époque du Far West, les cow-boys accrochaient souvent une sacoche à leur selle. Et de nos jours, le gros sac que les cyclistes et les motocyclistes installent parfois sur le garde-boue arrière de leur véhicule s'appelle également **sacoche**. En revanche, le sac dans lequel les dames (et parfois les hommes) transportent leurs effets personnels s'appelle **SAC À MAIN** ou **SAC** tout court. Dans le sens de **sac à main**, **sacoche** est un régionalisme courant chez nous et en Belgique.

149 — Que fait-on au juste avec un barda ?

Tout dépend du barda, en fait ! Le mot **barda** était, à l'origine, un terme de l'argot militaire, qui désignait l'équipement du soldat. Ce mot nous vient de l'arabe. Dans les pays arabophones du nord de l'Afrique, on appelait **barda** le harnais des bêtes de somme. En français moderne, le mot **barda** sert à désigner un chargement encombrant. **Barda** a conservé cette signification chez nous et dans les autres pays francophones. Dans la langue familière, on peut dire à quelqu'un : Où vas-tu avec ton barda ?

Le mot **barda** est également synonyme de **ménage** dans la langue familière de chez nous. On écrit souvent ce mot avec un **s** final. **Faire son barda** (ou son **bardas**), c'est faire son grand ménage. Par conséquent, on peut faire son barda, mais on peut aussi le porter !

150 Faut-il dire à ce stade-ci ou à ce stage-ci ?

L'expression consacrée est **À CE STADE-CI**. En effet, un **stade** est une étape dans un processus quelconque. On peut parler des premiers stades d'une maladie, par exemple, ou des différents stades d'un développement.

En revanche, un **stage** est une période d'essai préliminaire à l'exercice d'une profession. Certains ordres professionnels exigent que leurs novices fassent un stage avant d'entreprendre leur vie professionnelle. Par exemple, un étudiant en droit fait généralement un stage dans un cabinet d'avocats ou de notaires avant de pratiquer sa profession. Le **stage** est également une simple période de perfectionnement. Par exemple, un employé peut faire un stage dans plusieurs services afin d'acquérir une meilleure connaissance de l'entreprise.

151 Cherchez-vous toujours la petite bête noire ?

On ne devrait jamais modifier les expressions figées, sauf pour créer un effet comique ou pour les besoins d'un slogan publicitaire. « Chercher la petite bête noire » est le fruit de la fusion de deux expressions populaires, en l'occurrence **chercher la petite bête** et **être la bête noire de quelqu'un**.

Chercher la petite bête, c'est examiner une chose sous tous les angles dans le seul but de trouver un problème. Par exemple, lorsqu'une personne est très négative et qu'elle cherche sans cesse des points à critiquer, on peut dire de cette personne qu'elle **cherche la petite bête**. En revanche, **être la bête noire de quelqu'un**, c'est être le souffre-douleur ou l'ennemi juré de cette personne. Par exemple, si on est absolument incapable de supporter son voisin, on peut dire : Mon voisin, c'est ma bête noire.

152 La beauté donne-t-elle de l'appétit ?

Pas vraiment. Alors pourquoi dit-on de certaines personnes qu'elles sont jolies à croquer ? Les avis diffèrent quant à l'origine de l'expression **joli à croquer**. Certains linguistes croient que le verbe **croquer** serait pris dans son sens premier. Selon ces spécialistes de la langue, une personne est dite jolie ou belle à croquer lorsqu'elle est si attrayante qu'on est littéralement tenté de la mordre.

Il existe une autre explication moins pittoresque, mais un peu plus vraisemblable. Dans la langue familière, le verbe **croquer** est également synonyme des verbes **dessiner** et **esquisser**. D'ailleurs, le mot **croquis** vient du verbe **croquer**. Selon cette explication, une personne qu'on dit **belle à croquer** est une personne qui est tellement belle qu'on voudrait faire son portrait pour l'immortaliser.

153 Doit-on dire trois heures quart, trois heures un quart ou trois heures et quart ?

On peut faire suivre une heure d'un nombre de minutes sans utiliser la conjonction de coordination **et**. Par exemple, on peut dire **trois heures huit** ou **trois heures trente**. Par contre, avec les mots **quart** et **demi**, il faut mettre la conjonction **et** après l'heure. On dira donc **TROIS HEURES ET QUART** ou **TROIS HEURES ET DEMIE**. Il faut éviter de dire «trois heures quart». Étrangement, il ne nous viendrait jamais à l'idée de dire «trois heures demie»! L'utilisation de l'adjectif numéral **un** est également correcte devant le mot **quart**. Par exemple, on peut dire **trois heures un quart**.

Avec **moins**, il est recommandé d'utiliser l'article défini **le** devant le mot **quart**. En principe, on devrait dire **TROIS HEURES MOINS LE QUART**. Toutefois, l'omission de l'article est également correcte.

154 Peut-on faire une embardée sans se retrouver dans le décor ?

Il est tout à fait possible de faire une embardée sans quitter la route. **Faire une embardée** est une expression empruntée à la langue de la marine. En mer, une

embardée est un brusque changement de direction sous l'effet du vent, du courant ou d'un coup de barre involontaire. Dans la langue de l'automobile, l'**embardée** est un écart brusque que fait une voiture pour contourner un obstacle. Par exemple, on peut dire : La voiture a fait une embardée pour éviter un piéton. L'embardée est donc une manœuvre dangereuse, mais pas nécessairement néfaste.

En revanche, pour exprimer le fait de quitter la route à la suite d'une manœuvre accidentelle, on ne doit pas dire qu'on « fait une embardée ». On dira plutôt qu'on **PERD LE CONTRÔLE** (ou **LA MAÎTRISE**) **DE SON VÉHICULE**, qu'on **QUITTE LA ROUTE** ou qu'on **DÉRAPE**.

155 Tous les problèmes sont-ils des problématiques ?

Un **problème** est une difficulté qu'il faut résoudre. Une **problématique**, en revanche, est un ensemble complexe de problèmes, dont les différents éléments sont intimement liés. Par exemple, il est pertinent de parler de la **problématique** du sida en Afrique puisque, dans ce cas, de nombreux facteurs importants entrent en jeu (pauvreté, religion, culture, politiques locales et internationales, etc.). Il faut toutefois préciser que le substantif **problématique** est un terme technique qu'on a rarement à utiliser dans la langue de tous les jours.

Par contre, l'adjectif **problématique** est très courant. Il qualifie une réalité qui pose des problèmes. Par exemple, on peut dire que le traitement d'une personne allergique à la pénicilline est parfois problématique.

156 — Peut-on vraiment se peinturer dans un coin ?

L'expression anglaise *to paint oneself in a corner* n'a pas vraiment d'équivalent en français. Il faut admettre que l'image évoquée par l'expression anglaise est assez cocasse. On peint le plancher derrière soi et on se fait prisonnier dans un coin de la pièce. En français, pour exprimer cette réalité, on dira plutôt qu'on **SE MET DANS LE PÉTRIN** ou qu'on **SE PREND À SON PROPRE PIÈGE**.

157 — La boucane fait-elle du boucan ?

Boucane et **boucan** ont des origines communes et distinctes à la fois. **Boucane** et ses dérivés **boucaner**, **boucanage** et **boucanier** viennent de *moukem*, un mot autochtone d'Amérique du Sud. Le **boucan** était autrefois une sorte de gril de bois pour fumer la viande. On appelait également **boucan** la viande qu'on faisait fumer sur ce gril. Et bien sûr, la **boucane** était la fumée faite par le boucan.

En revanche, le mot **boucan**, qui est synonyme de bruit, vient du mot **bouc** ou, plus précisément, de l'expression ancienne **faire le bouc**, qui signifiait mener une vie dissolue. Le mot **boucan** désignait alors un lieu de débauche. Et comme les lieux de débauche étaient souvent associés au tumulte et au désordre, **boucan** a fini par devenir synonyme de tapage.

158 — Est-on traqué lorsqu'on a le trac ?

Le verbe **traquer** vient du mot **trac**, mais ce **trac** n'a rien à voir avec la nervosité des artistes. En effet, **trac** est un vieux mot français qui désignait les pistes des animaux. Être traqué, c'est être poursuivi ou chassé, en parlant d'un animal ou d'une personne. Par exemple, on peut parler d'une bête sauvage **traquée** par des chasseurs, d'un fugitif **traqué** par des policiers ou même d'une vedette **traquée** par les paparazzis.

Pour qualifier une personne qui est en proie au trac, on ne peut pas dire que cette personne est « traquée ». On utilisera plutôt les adjectifs **NERVEUX**, **CRISPÉ**, **PANIQUÉ** ou **TERRORISÉ**, selon l'intensité de la sensation éprouvée. Et lorsqu'on a tellement le trac qu'on ne peut même plus bouger ni penser, on peut dire qu'on est **MORT DE TRAC**.

159 — Quelle différence y a-t-il entre la grandeur, la taille, la pointure et le point ?

La **grandeur**, c'est la qualité de ce qui est plus ou moins grand. Pour désigner la grandeur d'un pantalon, d'une chemise, d'une robe ou d'un manteau, on utilisera plutôt le mot **TAILLE**. Dans un magasin, le vendeur devrait nous demander : **QUELLE TAILLE FAITES-VOUS ?** ou **QUELLE TAILLE PORTEZ-VOUS ?** Il devrait éviter de dire : « Quelle est votre grandeur ? »

Dans le cas des chaussures, des chaussettes, des bas, des chapeaux ou des gants, on parle plutôt de la

POINTURE. On appelle **POINT** l'unité de mesure d'une pointure. Par exemple, entre une chaussure de pointure 42 et une de pointure 44, il y a deux points. Quant à l'expression anglaise *one-size*, elle se traduit par **POINTURE UNIQUE** dans le cas des bas et par **TAILLE UNIQUE** dans le cas d'un pantalon.

160 Lorsqu'on dit qu'on n'est pas dans son assiette, de quelle assiette s'agit-il ?

Les spécialistes proposent deux explications quant à l'origine de l'expression populaire **ne pas être dans son assiette**. Assiette vient du verbe latin *assedere*, qui signifie **s'asseoir**. Dans son sens premier, l'assiette est la manière d'être assis. Par exemple, on peut parler de l'assiette d'un cavalier assis sur son cheval. Par conséquent, **ne pas être dans son assiette** signifierait littéralement **ne pas être assis d'aplomb**.

La deuxième explication, la plus répandue, nous vient de la langue de la marine. Dans le vocabulaire maritime, le mot **assiette** désigne l'équilibre d'un navire. Et comme **ne pas être dans son assiette** signifie **ne pas être dans son état normal**, il est possible que l'expression évoque le navire qui n'est pas en équilibre.

161 La plogue est-elle efficace ?

Efficace ? Peut-être… Française ? Certainement pas ! En fait, ce mot familier de la langue de la publicité est un anglicisme à éviter. Dans presque tous les cas, on peut remplacer « plogue » par **PUB**. Cette abréviation du mot **publicité** est courante dans la langue des médias et dans la langue familière. Quant au verbe «ploguer», on peut le remplacer par les verbes ou locutions **PROMOUVOIR, FAIRE LA PUB, FAIRE LA PROMOTION** ou **FAIRE LA RÉCLAME.**

162 | Un pneu peut-il exploser ?

La présence d'une matière explosive est absolument nécessaire pour qu'il y ait une explosion. Par exemple, un réservoir d'essence peut exploser, un immeuble dans lequel il y a une fuite de gaz peut exploser et, bien sûr, une bombe et une grenade peuvent exploser. Toutefois, un pneu qui se brise de façon spectaculaire **ÉCLATE**, il n'«explose» pas. On parlera donc de l'**ÉCLATEMENT** d'un pneu et non de l'«explosion» d'un pneu.

La **crevaison** est le fait, pour un pneu, de se percer et de se dégonfler plus ou moins rapidement. Un pneu **crevé** fuit, mais il n'éclate pas nécessairement. On **RÉPARE UNE CREVAISON** ou on **CHANGE UN PNEU CREVÉ**, mais on ne «change pas une crevaison». En effet, changer une crevaison, c'est remplacer une crevaison par une autre!

163 | Les workaholics travaillent-ils en français ?

Le mot «workaholic» est toujours considéré comme un anglicisme à éviter. Le néologisme qu'on propose pour remplacer «workaholic» est **ERGOMANE**. Le préfixe **ergo-** signifie **travail** et le suffixe **-mane** signifie **folie**.

Donc, un **ergomane**, c'est un fou du travail, littéralement. En fait, un **ERGOMANE** est une personne qui consacre tout son temps au travail, généralement au détriment de sa santé. Dans la langue familière, on peut également employer le mot **boulomane**. Et pour faire un peu de variété, on peut utiliser les termes **enragé du travail**, **obsédé du travail** et même **drogué du travail**.

Bourreau de travail est également acceptable. Il faut toutefois noter que ce terme a une connotation positive. Il désigne une personne qui n'a pas peur de la grosse besogne.

164 — Doit-on dire qu'on réduit quelque chose au maximum ou au minimum ?

Tout dépend de l'intention. Si on veut mettre l'accent sur l'action de réduire, il faut utiliser la locution **au maximum**. Réduire quelque chose au maximum, c'est réduire cette chose le plus possible. En revanche, si on veut mettre l'accent sur le résultat, on emploiera la locution **au minimum**. Réduire une chose au minimum, c'est réduire cette chose jusqu'à ce qu'on se retrouve avec le plus petit résultat possible.

Enfin, si on veut éviter toute confusion, on utilisera la locution **le plus possible**. Par exemple, au lieu de dire que le maire demande aux citoyens de réduire au minimum ou au maximum leur consommation d'eau, on peut simplement dire que le maire demande aux citoyens de réduire **LE PLUS POSSIBLE** leur consommation d'eau.

165 — Êtes-vous trendy ou fashion ?

Dans les milieux à la mode, les mots anglais *trendy* et *fashion* servent à qualifier des choses qui connaissent une vague de popularité ponctuelle ou encore des personnes qui aiment tout ce qui est au goût de l'heure. Dans les années 60, on aurait dit **dans le vent** et, dans les années 70, on aurait dit **in**. Aujourd'hui, si on dit qu'on est **in** ou **dans le vent**, c'est qu'on ne l'est plus, justement ! Les mots de la langue populaire vont et viennent et c'est un peu ce qui fait leur charme. Depuis quelques années, l'adjectif le plus courant pour qualifier tout ce qui est en vogue est **BRANCHÉ**.

Toutefois, à moins d'être au fait des plus récentes expressions, il est plus prudent d'utiliser des locutions ou des adjectifs intemporels comme **MODERNE, ACTUEL, CONTEMPORAIN, À LA MODE, À LA PAGE** ou **D'AVANT-GARDE**.

166 — Quand ça ne va pas, est-ce qu'on file un mauvais cocon ou un mauvais coton ?

Le ver à soi file son cocon, mais une personne qui ne va pas **file un mauvais coton**. L'origine de l'expression est assez étonnante. Autrefois, dans les usines de textile, quand les pièces des machines à filer le coton se détérioraient, on disait que la machine filait un mauvais coton. On voulait dire par là que le coton que filait la machine était de mauvaise qualité en raison de l'usure des pièces.

Avec le temps, on a fini par utiliser cette expression pour parler d'une personne qui est dans une situation dangereuse ou qui éprouve de sérieux problèmes de santé. De nos jours, toutefois, quand on dit qu'une personne file un mauvais coton, on veut simplement dire que cette personne est dans une mauvaise passe.

167 | Doit-on parler d'un hôpital francophone ou d'un hôpital français ?

Dans son sens premier, l'adjectif **francophone** sert à qualifier les personnes d'expression française (c'est-à-dire les personnes qui parlent français). À l'origine, on n'utilisait l'adjectif **francophone** qu'avec les personnes, mais de nos jours, **francophone** est couramment employé pour qualifier un lieu ou un établissement où on parle français. Par exemple, on peut parler d'une région francophone ou d'une école francophone. Il est donc tout à fait logique d'appeler **hôpital francophone** un hôpital qui offre des services en français.

Dans certains pays, on utilise le terme **hôpital français** pour désigner cette réalité. Chez nous, toutefois, un **hôpital français** est un hôpital fondé et géré par des Français.

168 | Est-il plus prudent de rouler à contresens qu'en sens inverse ?

Les locutions **en sens inverse** et **à contresens** ont des sens dangereusement différents ! La locution **en sens inverse** signifie simplement **dans l'autre sens** ou **dans la direction opposée**. Sur une route, si vous allez vers le sud, les gens qui se dirigent vers le nord, dans l'autre voie, circulent **en sens inverse**, c'est-à-dire qu'ils roulent dans le bon sens, mais dans la direction opposée à la vôtre.

La locution **à contresens** signifie **dans le sens contraire au sens normal**. Sur une voie de circulation, lorsqu'on roule à contresens, on roule dans le mauvais sens. Par exemple, si vous prenez à rebours la bretelle d'une autoroute et que vous faites face à tous les autres automobilistes, vous roulez **à contresens**.

169 — Y a-t-il une nuance entre les locutions au travers de et à travers ?

En principe, la locution **au travers de** devrait comporter une certaine notion de difficulté. Par exemple, on peut dire qu'on se fraie péniblement un passage **au travers des** buissons. En revanche, la locution **à travers** sert à marquer le passage réel ou virtuel d'un bout à l'autre d'une surface. Par exemple, on peut dire qu'on marche à travers un champ. On peut également dire qu'on aperçoit un navire à travers la brume. Par contre, **à travers** ne sert pas à exprimer la présence de choses ou de personnes dans une multitude d'endroits. Au lieu de dire qu'une entreprise a des bureaux « à travers le pays », il faut dire que cette entreprise a des bureaux **DANS TOUT LE PAYS**.

170 — Quel rapport y a-t-il entre le baiser, le patinage et la lettre x ?

En Europe, l'expression familière la plus courante pour désigner le fait de donner un baiser langue en bouche est **rouler un patin**. En ce sens, le mot **patin** est rarement employé ailleurs que dans cette expression. Au XVIIIe siècle, **patiner** une femme, c'était la couvrir de caresses !

Mais pourquoi représente-t-on les baisers par des **x** à la fin des messages ? Les trois **x** qu'on met à la fin d'un message qu'on adresse à une personne qu'on aime représentaient, à l'origine, la croix du Christ. Autrefois, on demandait aux gens qui ne savaient pas écrire de mettre une croix au bas d'un document officiel, en guise de signature. Pour attester de leur bonne foi, les personnes qui signaient d'un **x** devaient prêter serment en embrassant un crucifix.

171 Les entraîneuses sont-elles des femmes aux mœurs douteuses ?

Autrefois, le mot **entraîneuse** désignait les jeunes femmes que les tenanciers de bars payaient pour inciter les hommes à boire. Contrairement à la croyance populaire, les entraîneuses n'étaient pas nécessairement des femmes de mauvaise vie. De nos jours, une **entraîneuse** est une femme qui entraîne les athlètes ou qui dresse les animaux. Il est important de préciser que la finale **–euse** n'a rien de péjoratif.

Le mot «entraîneure» ne figure pas dans les dictionnaires. Rappelons que les mots en **–eur** se féminisent généralement en **–euse**. En fait, il n'y a qu'une douzaine de noms en **–eur** qui se féminisent en **–eure**, en l'occurrence **docteure, professeure, auteure, ingénieure, gouverneure, annonceure, censeure, assesseure, metteure en scène, superviseure, procureure** et **réviseure**.

172 Faut-il se méfier des liaisons dangereuses?

Le **velours** est une liaison erronée introduite par le son **z**, comme «huit-z-enfants». En revanche, on appelle **cuir** une liaison erronée introduite par le son **t** comme «mal-t-à-propos».

Les cuirs et les velours sont des **pataquès**. Pourquoi pataquès? Selon la légende, un homme aurait trouvé un éventail dans une soirée mondaine. Il demande à une invitée si l'éventail lui appartient. Elle lui répond: «Ce n'est pas-**T**-à moi.» Il se retourne et pose la même question à sa voisine, qui lui dit: «Ce n'est point-**Z**-à moi». Et l'homme enchaîne: «Si cet éventail n'est pas-**T**-à vous et n'est point-**Z**-à vous, je ne sais **pas-t-à qui est-ce!**» L'histoire ne précise pas pourquoi on dit **pataquès** et non «pataquiès»!

173 — Faut-il prononcer ètt ché-té-ra ou ètt sé-té-ra ?

L'abréviation latine **etc.** se prononce **ÈTT SÉ-TÉ-RA** et non « ètt-ché-té-ra » ni « èk-ché-té-ra ». En outre, on doit toujours faire précéder l'abréviation **etc.** d'au moins deux exemples. Il faut éviter de dire, par exemple : « Cette machine peut composter des pelures de légumes, etc. ». En effet, il vaut mieux étoffer la phrase et dire : CETTE MACHINE PEUT COMPOSTER DES PELURES DE LÉGUMES, DES TROGNONS DE POMMES, ETC. **Etc.** doit toujours être précédée d'une virgule. Enfin, **etc.** ne s'écrit qu'avec un seul point abréviatif et non avec trois points de suspension. Les points de suspension sont redondants puisqu'ils jouent le même rôle que l'abréviation elle-même.

174 — La mode peut-elle faire des victimes ?

Les Américains appellent *fashion victim* une personne prête à porter n'importe quel vêtement, pourvu qu'il soit à la mode, même si le vêtement en question ne lui convient absolument pas. Le terme *fashion victim* peut également désigner une personne qui consacre une proportion exagérée de ses revenus à l'achat de vêtements à la mode. On suggère trois équivalents français pour traduire *fashion victim* : **ESCLAVE DE LA MODE, INCONDITIONNEL DE LA MODE** et **MASOCHISTE DE LA MODE**. En Europe, on utilise le néologisme **modeux** pour désigner une personne qui ressent un besoin immodéré d'être à la pointe des dernières tendances.

175 Les zéros sont-ils héroïques ?

La lettre **h** peut être muette ou aspirée. Quand un **h** est muet, on peut faire la liaison avec la dernière lettre du mot qui précède. Par exemple, **les hôpitaux**, **les hôtels** et **les hommes** se prononcent **LÈ ZÔ-PI-TÔ, LÈ ZÔ-TÈL** et **LÈ ZOM**.

Quand un **h** est aspiré, par contre, toute liaison avec la dernière lettre du mot qui précède est interdite. Par exemple, **les personnes handicapées**, **les haut-parleurs** et **les hiérarchies** se prononcent **LÈ PÈR-SONN / AN-DI-KA-PÉ, LÈ / Ô-PAR-LEUR** et **LÈ / YÉ-RAR-CHI**.

Le mot **héros** commence par un **h** aspiré. On prononcera donc **LE / É-RO, UN / É-RO, MON / ÉRO, LÈ / É-RO, DÈ / É-RO**, etc. et non « lé-ro », « un né-ro », « mon né-ro », « lé zé-ro », « dé zé-ro », etc.

Étrangement, le **h** des autres mots de la même famille n'est pas aspiré. Par conséquent, **l'héroïne**, **les héroïnes** et **l'héroïsme** se prononcent respectivement **LÉ-RO-INN, LÈ ZÉ-RO-INN** et **LÉ-RO-ISM**. De même, la liaison se fait entre l'adjectif **héroïque** et le mot qui précède. Par conséquent, **un héroïque, l'héroïque** et **les héroïques** se prononcent respectivement **UN NÉ-RO-ÏK, LÉ-ROÏK** et **LÈ ZÉ-RO-ÏK**.

176 — Un vendeur peut-il être agressif ?

Tout le monde peut être agressif, y compris les vendeurs. Toutefois, l'agressivité n'est pas une qualité, surtout pour une personne qui travaille dans le public. L'adjectif **agressif** n'a pas tout à fait le même sens que son cousin anglais *aggressive*. En français, être agressif est synonyme d'être bagarreur. Il y a une certaine notion de violence ou de colère dans l'adjectif **agressif**. On n'a qu'à penser aux mots **agresser, agression, agresseur** et **agressivité**.

Bien sûr, on peut dire d'un vendeur qu'il est **agressif** si ce vendeur intimide ses clients ou s'il s'impose un peu trop. Pour qualifier un vendeur efficace et énergique qui a l'esprit d'entreprise, on utilisera plutôt les adjectifs **DYNAMIQUE** ou **PERSUASIF**. Dans certains contextes, on pourrait même parler d'un vendeur **PASSIONNÉ** ou **ENTHOUSIASTE**.

177 — Zéro est-il un chiffre ?

En français moderne, on appelle **chiffre** chacun des caractères qui représentent les nombres. Les chiffres désignent des unités. Le **zéro** est un chiffre comme les autres, mais employé seul, il sert à désigner l'**absence** d'unité.

Zéro vient de l'arabe, en passant par le latin et l'italien. Le mot arabe *sifr*, qui veut dire **vide**, est devenu *zephirum* en latin. *Zephirum* désignait l'absence d'unité, comme le zéro moderne. Avec le temps, *zephirum* est devenu *zefiro*, *zefro* et finalement, **zéro**. Parallèlement, le même mot arabe est devenu *cifra* en italien, *cifre* en ancien français, puis finalement **chiffre** en français moderne. On peut donc dire que les mots **chiffre** et **zéro** ont exactement la même origine.

178 — Un couteau mal emmanché branle-t-il dans le manche ?

L'adjectif **emmanché** qualifie ce qui est monté sur un manche. La locution **mal emmanché**, qui est encore vivante chez nous, ne s'utilise presque plus en Europe. À l'origine, **mal emmanché** était synonyme de **mal engagé**. Par exemple, on pouvait parler d'une affaire mal emmanchée. Chez nous, **mal emmanché** sert à qualifier une chose **mal ficelée** ou une personne **en mauvaise posture**.

Quant à l'expression **branler dans le manche**, elle se dit, au sens propre, des couteaux ou des outils dont le manche n'est pas bien fixé. Au figuré, **branler dans le manche**, c'est **manquer de stabilité**. Chez nous, **branler dans le manche** est synonyme d'**hésiter**. La plupart des linguistes acceptent ce régionalisme sympathique. Les autres branlent dans le manche…

179 — Êtes-vous dû pour des vacances ?

«Être dû pour» est la traduction littérale de *to be due for*. Il y a plusieurs solutions pour remplacer cet anglicisme. On peut utiliser les locutions ÊTRE MÛR POUR, ÊTRE PRÊT POUR, AVOIR DROIT À ou

AVOIR BESOIN DE. On évitera de dire : « je suis dû pour des vacances ». On dira plutôt : **J'AURAIS BESOIN DE VACANCES, JE SUIS MÛR POUR DES VACANCES** ou encore **IL EST GRAND TEMPS QUE JE PRENNE DES VACANCES.**

180	Un problème peut-il être dû à quelque chose ?

Un problème peut être dû à quelque chose puisque la locution **être dû à** signifie avoir pour cause. En revanche, « dû à » est un anglicisme lorsqu'on l'utilise dans le sens des locutions **À CAUSE DE, EN RAISON DE** ou **COMPTE TENU DE**. Par exemple, on ne devrait pas dire : « Dû à » un problème technique, il n'y aura pas de concert ce soir. Il faudrait plutôt dire : **EN RAISON D'**un problème technique ou **À CAUSE D'**un problème technique, il n'y aura pas de concert ce soir.

181	Cheap est-il un mot français ?

Étonnamment, l'adjectif anglais *cheap* figure dans certains dictionnaires français. Il existe pourtant de nombreux équivalents français pour remplacer cet anglicisme, en l'occurrence **BON MARCHÉ, PEU COÛTEUX, PAS CHER, AU RABAIS, DE QUALITÉ DOUTEUSE, DE MAUVAISE QUALITÉ**, etc. Dans certains contextes, on peut également traduire « cheap » par **VULGAIRE** ou **COMMUN**.

Pour désigner une personne excessivement économe, au lieu de dire que cette personne est « cheap », on dira qu'elle est **CHICHE, REGARDANTE, RADINE, AVARE** ou **MESQUINE**. On peut également dire que cette personne est **PRÈS DE SES SOUS**. Dans la langue familière de chez nous, il est tout à fait correct de dire d'un homme avare qu'il est un véritable **Séraphin**.

182 — Est-il bon de se faire dorer la pilule ?

Autrefois, **se faire dorer la pilule** était une excellente chose. De nos jours, c'est une autre histoire… En français moderne, **dorer la pilule à quelqu'un**, c'est présenter à quelqu'un une mauvaise nouvelle ou un problème quelconque en mettant l'accent sur tous les aspects positifs de la situation sans vraiment mentionner les aspects négatifs. Il y a une certaine notion de tromperie dans l'acception moderne de cette expression.

À l'origine, on utilisait l'expression **dorer la pilule** au sens propre. Autrefois, certaines pilules avaient un goût extrêmement amer. Pour les rendre moins pénibles à avaler, on les enrobait d'un sirop de sucre caramélisé. Les pilules prenaient une belle teinte dorée et devenaient plus agréables au goût.

183 — Un mauvais conducteur mérite-t-il des points de démérite ?

En français, **démériter** et les mots de la même famille sont considérés comme des termes didactiques ou littéraires. En fait, **démériter** et **démérite** appartiennent essentiellement à la langue de la théologie et il est rare qu'on ait l'occasion de les employer dans la langue de tous les jours. **Démériter** signifie **agir de manière à encourir le blâme** et **démérite** est synonyme de **honte** ou de **faute**. Disons simplement qu'on appelle **POINTS D'INAPTITUDE** et non « points de démérite » les mauvais points que la police donne aux automobilistes pris en faute.

184 Peut-on vraiment faire un fou de soi ?

La locution « faire un fou de soi » est un calque de l'anglais. En français, on dit d'une personne qui dit ou qui fait des bêtises qu'elle **SE REND RIDICULE** ou qu'elle **SE COUVRE DE RIDICULE**. Bien sûr, on peut dire qu'une personne **A L'AIR FOU** ou qu'elle **A L'AIR FOLLE**.

185 Discrimination, racisme et ségrégation sont-ils synonymes ?

La **discrimination** est le fait de défavoriser une personne ou un groupe de personnes. La **discrimination** peut être exercée en fonction du groupe humain, du sexe ou de la religion, entre autres choses. Évidemment, le **racisme** est une discrimination basée sur les caractéristiques physiques ou culturelles prétendument associées à un groupe humain donné. La **ségrégation**, en revanche, est une séparation organisée des gens, en fonction de l'ethnie ou de la religion, essentiellement. Le **raciste** croit à l'inégalité des différents groupes humains, tandis que le **ségrégationniste** prône la séparation des groupes humains dans une société donnée.

186 — Avez-vous hâte aux vacances ?

Bien qu'elle ne soit pas franchement condamnable, la locution populaire **avoir hâte à** est considérée comme régionale. On évitera de dire : « J'ai hâte aux vacances ». On dira plutôt : **J'AI HÂTE QUE LES VACANCES ARRIVENT**. Ou encore : **J'ATTENDS LES VACANCES AVEC IMPATIENCE**. En Europe, on entend encore parfois la formule un peu vieillie **VIVEMENT LES VACANCES** ! Enfin, la locution **il me tarde que…** est considérée comme littéraire.

187 — Les agences de voyages ont-elles des prétentions littéraires ?

C'est peu probable ! Alors, pourquoi dit-on parfois que les agences de voyages offrent de la « littérature » sur telle ou telle destination ? En français, la **littérature**, c'est l'ensemble des œuvres des écrivains, des poètes et des dramaturges. Depuis quelques années, on appelle aussi **littérature** les ouvrages d'importance sur un sujet donné. Par exemple, on peut parler de la littérature sportive ou de la littérature technique.

Par contre, on considère comme abusive l'utilisation du mot « littérature » pour désigner une **PUBLICATION** de nature commerciale. Au lieu de demander à un agent de voyages s'il a de la « littérature » sur une destination donnée, il faut plutôt lui demander s'il a de la **DOCUMENTATION** sur cette destination.

188 — L'impotence est-elle plus tragique que l'impuissance ?

À divers degrés, les deux conditions sont assez pénibles. Toutefois, les mots **impotence** et **impuissance** désignent des réalités très différentes. L'**impotence**, c'est le fait de ne pas bénéficier de l'entière mobilité de ses membres. Une personne impotente est une personne qui a des limitations fonctionnelles. On peut devenir impotent à la suite d'un accident ou d'une maladie, ou lorsqu'on atteint un âge très avancé. Dans certains contextes, **impotence** est synonyme d'**invalidité**. Et bien sûr, l'impotence n'est pas une condition physiologique exclusivement réservée aux hommes.

L'**impuissance** est le fait, pour un homme, de ne pas pouvoir accomplir l'acte sexuel de façon satisfaisante. C'est sous l'influence de l'anglais que certaines personnes confondent **impotence** et **impuissance**. En anglais, le mot *impotence* désigne les deux réalités.

189 — Avez-vous la bosse de la vitesse ?

On appelle **RALENTISSEUR** et non « bosse de vitesse » la petite bosse spécialement aménagée dans la chaussée pour obliger les automobilistes à rouler plus lentement. « Bosse de vitesse » est un calque de l'anglais. Les termes **bosse de décélération**, **bosse de ralentissement** et **bosse antivitesse** sont également acceptables, mais un peu moins courants. En France, on dit parfois **bourrelet de ralentissement** et **ondulation de décélération**. En Belgique, on a des **casse-vitesse** et aux

Antilles, des **dos de gendarme**. Enfin, dans certains pays d'Afrique, on utilise l'expression **gendarme couché**.
Il ne faut pas confondre le **ralentisseur** et le **dos d'âne**. Le **dos d'âne** est une déformation accidentelle et indésirable de la chaussée. Certains ouvrages donnent à **dos d'âne** le sens de **ralentisseur**, mais cette acception est critiquée.

190 — Les rôties sont-elles plus françaises que les toasts ?

Le mot anglais *toast* vient de l'ancien français *toster*, qui signifiait **rôtir**. Autrefois, une *tostée* était une tranche de pain grillée qu'on mangeait en buvant. En Angleterre, on trempait un bout de toast dans son verre avant de le porter à la santé de quelqu'un, d'où l'expression **porter un toast**.

Le pain grillé qu'on mange de nos jours s'appelle **TOAST**. Dans les autres pays francophones, **toast** est un mot masculin, comme beaucoup de mots empruntés à l'anglais. Ici, on lui a donné le genre féminin (comme on a fait avec le mot **job**, d'ailleurs). Étrangement, le mot **rôtie**, qu'on utilise chez nous pour faire plus français, est considéré comme vieilli en France ! À certains égards, nous sommes plus français que les Français eux-mêmes !

191 — Peut-on entendre ce qui est inouï ?

Inouï vient du verbe ancien **ouïr**, qui était synonyme d'**entendre**. À l'origine, **inouï** signifiait littéralement **non ouï**, c'est-à-dire **qu'on n'entend pas** ou **dont on**

n'a jamais entendu parler. Par exemple, on pouvait dire : C'est une mélodie inouïe (autrement dit, une mélodie que personne n'a jamais entendue jusqu'ici) ou Ce sont des lois inouïes (c'est-à-dire des lois dont personne n'a jamais entendu parler).

En français moderne, **inouï** est synonyme des adjectifs **étrange, extraordinaire, incroyable** et **invraisemblable**. En fait, **inouï** a complètement perdu sa signification d'origine et n'a plus rien à voir avec le fait de ne pas être entendu. Par conséquent, il n'est pas contradictoire de dire : C'est inouï tout ce qu'on entend !

192 Faut-il être majeur pour se présenter à un bar à salades ?

En français, un **bar** est un débit de boissons alcoolisées. On appelle également **bar** le comptoir devant lequel on prend une consommation. Dans la plupart des pays, seuls les adultes sont admis dans les bars. Le comptoir dans les restaurants où les clients vont composer eux-mêmes leur salade s'appelle **table à salades, buffet à salades** ou **comptoir à salades**. Chez nous, le terme **comptoir à salade** tend à supplanter l'anglicisme « bar à salade ».

193 Qui veut éternuer sur la salade ?

Le mot anglais *sneeze-guard*, qui signifie littéralement « pare-éternuement », ne se trouve pas encore dans nos dictionnaires. En français, on appelle **VITRE**

HYGIÉNIQUE la plaque qu'on installe au-dessus des comptoirs à salades pour protéger les aliments. Les termes **protège-haleine** et **pare-haleine** sont corrects, mais beaucoup moins courants.

194 Le déodorant peut-il nous garder au sec ?

On a longtemps considéré le substantif **déodorant** comme un calque inutile de l'anglais, mais de nos jours, ce mot est parfaitement acceptable. Il faut noter, toutefois, que le produit de toilette qu'on utilise pour réduire la sudation excessive au niveau des aisselles s'appelle **antisudorifique** et non «déodorant». En effet, le **déodorant** sert à masquer les odeurs corporelles et non à réduire la sudation. Le **déodorant** est généralement parfumé, ce qui n'est pas nécessairement le cas de l'antisudorifique.

Chez nous, les mots **déodorant** et **désodorisant** sont considérés comme des synonymes. En Europe, cependant, ces deux termes désignent des produits différents. Là-bas, on appelle **déodorant** le produit de toilette et **désodorisant** le produit domestique qu'on vaporise pour parfumer l'air d'une pièce.

195 Peut-on appliquer pour une position ?

On ne peut pas «appliquer pour une chose». **Appliquer** est synonyme d'**apposer**. Par exemple, on peut appliquer une couche de peinture sur un mur. Il faut aussi noter que le mot anglais *application* doit se rendre par **DEMANDE D'EMPLOI** en français. Donc, au lieu de «faire application», on doit plutôt **FAIRE UNE DEMANDE D'EMPLOI** ou **PRÉSENTER UNE DEMANDE D'EMPLOI**.

Au sens de **POSTE**, de **SITUATION** ou d'**EMPLOI**, «position» est considéré comme un anglicisme. Au lieu d'«appliquer pour une position», on **POSTULE UN EMPLOI**, on **POSTULE POUR UN EMPLOI** ou on **POSTULE À UN EMPLOI**. Pour des raisons d'euphonie, on dit rarement qu'on «postule un poste». En revanche, on peut dire qu'on **POSE SA CANDIDATURE À UN POSTE**.

196 Faut-il être ingénieur pour paver la voie ?

L'expression «paver la voie à» est le calque de la locution anglaise *to pave the way for*. En français, on doit plutôt dire **OUVRIR LA VOIE À** ou **FRAYER LA VOIE À**. Dans certains contextes, on peut également dire **PRÉPARER LE CHEMIN POUR**.

197 Les pléonasmes sont-ils tous vicieux ?

Le **pléonasme** est la répétition, volontaire ou non, d'une information déjà énoncée dans la même phrase. Le pléonasme peut être une figure de style servant à créer un effet d'insistance. Par exemple, il est tout à fait correct de dire : Je l'ai vu de mes propres yeux. En revanche, un pléonasme est dit vicieux lorsqu'il n'ajoute rien à la force de l'expression et qu'il ne fait qu'alourdir la phrase. « Monter en haut » et « descendre en bas » sont des pléonasmes vicieux bien connus. De même, on ne devrait pas parler d'une « brève allocution ». Par définition, une **allocution** est un discours bref. Donc, au lieu de dire que le ministre a prononcé une « brève allocution », il suffit de dire que le ministre a prononcé une **ALLOCUTION**. On peut également contourner le problème et dire : Le ministre **S'EST BRIÈVEMENT ADRESSÉ À L'AUDITOIRE**.

198 Savez-vous si ceci dit se dit ?

Bien qu'elles soient de plus en plus tolérées dans la langue populaire, les locutions « ceci étant dit » et « ceci dit » sont critiquées. Le pronom démonstratif **ceci** renvoie à ce qui suit. Par exemple on peut dire : Je vous dirai ceci : vous êtes formidable ! Inversement, le pronom démonstratif **cela** renvoie à ce qui précède. Par exemple, on peut dire : Vous êtes formidable, tout le monde sait cela. Les prépositions **voici** et **voilà** présentent cette même particularité. On peut dire : Voici ce que je vais vous dire. En revanche, on dira : Voilà ce que nous venons de démontrer.

Quand on y pense, les expressions « ceci étant dit » et « ceci dit » sont illogiques, puisque les paroles auxquelles on fait allusion ont déjà été prononcées. Il est toujours plus logique de dire : **CELA DIT**…

199 — Le mot décade est-il un anglicisme ?

Tout dépend de l'utilisation qu'on en fait. En réalité, le mot **décade** est bien français, mais il ne désigne pas une période très longue. En effet, une décade est une période de dix jours ! En français, le mot qu'on devrait employer pour désigner une période de dix ans est **DÉCENNIE** et non « décade ». Chez nous, c'est sous l'influence de l'anglais qu'on a parfois tendance à utiliser **décade** dans le sens de **décennie**. Nous ne sommes pas les seuls à faire cette erreur, d'ailleurs. Certains dictionnaires acceptent « décade » comme synonyme de **décennie**. On précise, toutefois, qu'il s'agit d'un anglicisme critiqué.

Enfin, le **lustre** est une période de cinq ans. De nos jours, ce mot est à peu près inusité, sauf dans l'expression **depuis des lustres** qui signifie **depuis très longtemps**. On dira, par exemple : Je ne l'ai pas vu depuis des lustres.

200 — Lorsqu'on dit qu'on veille au grain, de quel grain s'agit-il ?

Contrairement à ce qu'on pourrait penser, une personne qui **veille au grain** n'est pas une personne qui surveille ses possessions comme un cultivateur surveille le grain dans ses silos ! En réalité, le grain dont il est question dans l'expression **veiller au grain** n'est pas une céréale. En effet, ce **grain** est un vent violent et très soudain, généralement accompagné de précipitations plus ou moins abondantes. Ce terme appartient à la langue de la marine.

Évidemment, le **grain** est un phénomène atmosphérique qui peut présenter un grand danger pour les petites embarcations. Le marin avisé doit donc **veiller au grain**, c'est-à-dire qu'il doit être prêt à affronter un grain éventuel. Au figuré, **veiller au grain**, c'est faire preuve d'une grande prudence.

201 — Doit-on dire un garde-robe ou une garde-robe ?

Chez nous, on dit **la garde-robe** quand on veut désigner l'ensemble des vêtements d'une personne. Par exemple, on renouvelle sa garde-robe au printemps. En revanche, on dit généralement **le garde-robe** lorsqu'il est question de l'armoire qui sert à ranger les vêtements. En fait, **garde-robe** devrait être féminin, peu importe le sens. Utilisé au masculin, toutefois, **garde-robe** est considéré comme un régionalisme acceptable. En Europe, on utilise plutôt le mot **penderie** pour désigner l'armoire où on suspend les vêtements.

Mais la **penderie** est-elle un **placard**? Le **placard** a un usage moins spécifique que la **penderie**. En effet, le **placard** est une petite pièce qui sert à ranger à peu près n'importe quoi, y compris les vêtements.

202 — Peut-on aider à quelqu'un et toucher à quelque chose ?

On **AIDE QUELQU'UN** et non « à quelqu'un ». Par contre, on peut **aider à** quelque chose. Dans ce cas, la locution **aider à** est synonyme de **contribuer à**. Par exemple, on peut dire : La campagne de promotion **A AIDÉ AU** succès du film.

On peut **toucher** quelque chose ou **toucher à** quelque chose. Par exemple, on peut toucher **le** mur ou toucher **au** mur. En revanche, lorsqu'il signifie **aborder, s'en prendre à, atteindre** ou **être adjacent à**, le verbe **toucher** est toujours suivi de la préposition **à**. Par exemple, on dira :
Nous avons touché **à** un sujet délicat.
Ne touche pas **à** ma sœur.
Nous touchons **au** but.
Les steppes de Russie touchent **à** l'Asie.

203 — Votre bébé a-t-il un carrosse ou un pousse-pousse ?

Un **carrosse** est une voiture luxueuse tirée par des chevaux. La reine d'Angleterre se déplace parfois en carrosse. En revanche, on promène un jeune enfant dans un **LANDAU** et non dans un « carrosse ». Le terme **voiture d'enfant** est également correct. Chez nous, on est parfois tenté d'utiliser « carrosse » au lieu de **landau** sous l'influence du mot anglais *carriage* qui désigne à la fois le **carrosse** et le **landau**.

La **poussette** est un autre type de voiture d'enfant. Généralement, on couche un enfant dans un landau et on l'assoit dans une poussette. Le mot **pousse-pousse** est correct, mais il désigne une sorte de voiture tirée par un homme. Le pousse-pousse est encore en usage dans certains pays d'Extrême-Orient. Enfin, on appelle **POUSSETTE-CANNE** la poussette portable qui, une fois pliée, a l'apparence d'une canne. « Poussette-parapluie » est un calque de l'anglais.

204 — Remise, hangar, débarras et cabanon sont-ils synonymes ?

La **remise** est un local où on range des objets quelconques. Par exemple, on peut ranger les outils de jardinage dans la **remise**. Chez nous, **remise** et **hangar** sont à peu près synonymes. Généralement, le **hangar** est attenant à la maison et la **remise** est presque toujours une petite cabane. Le mot **hangar** peut aussi désigner un grand lieu d'entreposage. Par exemple, on remise les avions dans des **hangars**. Quant au **débarras**, il s'agit d'une remise qu'on utilise pour entreposer les articles qui nous encombrent (d'où le nom **débarras**). Enfin, le mot **cabanon** peut aussi désigner une sorte de remise de jardin. À l'origine, toutefois, le **cabanon** était un cachot où on enfermait les personnes jugées dangereuses.

205 — Tire-t-on les marrons du feu lorsqu'on sauve les meubles ?

Les expressions **tirer les marrons du feu** et **sauver les meubles** ont des sens assez différents. **Tirer les marrons du feu**, c'est accepter de courir des risques pour le profit d'une autre personne ou encore se donner beaucoup de mal pour les autres sans rien en retirer. Il s'agit d'une allusion à la fable de Lafontaine *Le singe et le chat*. Le chat tirait les marrons du feu et le singe les mangeait. L'expression **tirer les marrons du feu** n'a pas le sens de sauver l'essentiel *in extremis* en cas de catastrophe. Pour évoquer cette réalité, on utilisera plutôt l'expression **sauver les meubles**.

206 — Inclus, exclu et conclu, quand faut-il mettre un **s** ?

Le participe passé du verbe **inclure** prend toujours un **s** au masculin singulier. On écrira donc **inclus**. En revanche, les participes passés des verbes **exclure** et **conclure** ne prennent jamais d's au masculin singulier. On écrira donc **EXCLU** et **CONCLU**. En fait, il suffit de se rappeler que dans **inclus**, l's est toujours inclus !

Les mots un peu plus rares **perclus** et **reclus** prennent aussi un **s** au masculin singulier. Toutefois, ces termes sont considérés comme des adjectifs et non des participes passés. En effet, le verbe « perclure » ne figure pas dans les dictionnaires et le verbe « reclure » n'y figure plus.

207 — Le diable est-il vert ?

Dans l'imaginaire collectif, le diable est généralement rouge. Pourtant, quand on veut parler d'un endroit éloigné, on dit que cet endroit est **au diable vert**. Étonnamment, cette expression n'est pas vraiment de chez nous. En réalité, les expressions **au diable vert**, **au diable au vert** et **au diable beau vert** sont toutes des déformations populaires de l'expression bien française **au diable vauvert**.

Le château de Vauvert était un château de la région parisienne que les gens du Moyen Âge croyaient hanté parce qu'il avait été habité, dit-on, par un roi excommunié. En outre, la région du château de Vauvert avait la réputation d'être fréquentée par des brigands. À l'origine, l'expression **au diable vauvert** faisait allusion à un endroit dangereux, mais de nos jours, elle sert plutôt à évoquer un endroit trop éloigné.

208 Sait-on vraiment ce qu'est un cossin ?

Bien qu'il soit sympathique, le mot « cossin » manque un peu de précision. En effet, selon les régions, le mot « cossin » désigne un petit objet, une chose de peu de valeur, un produit de mauvaise qualité ou de mauvais goût, ou encore un article personnel. Il est important de retenir que, peu importe le niveau de langue qu'on utilise, on gagne toujours à remplacer un mot vague par un autre mot plus précis.

Par exemple, on évitera de dire : Je lui ai offert un beau cadeau et il m'a donné un « cossin ». On dira plutôt : Je lui ai offert un beau cadeau et il m'a donné une **BABIOLE** ou une **BRICOLE**. Au lieu de demander à quelqu'un de ramasser ses « cossins », on devrait lui demander de ramasser ses **AFFAIRES**. Enfin, au lieu de dire qu'un ordinateur est un « cossin », on dira que cet ordinateur est de la **CAMELOTE** ou de la **PACOTILLE**.

209 Existe-t-il des secrétaires illégales ?

L'adjectif **légal** qualifie ce qui est conforme à la loi ou ce qui est imposé par la loi. On parlera, par exemple, de l'âge légal pour se marier ou d'une pratique légale, par opposition à une pratique illégale. En revanche, on utilise l'adjectif **juridique** pour qualifier ce qui se rapporte au droit. Les secrétaires spécialistes en droit sont donc des **SECRÉTAIRES JURIDIQUES** et non des «secrétaires légales».

Pour sa part, l'adjectif **législatif** qualifie ce qui fait les lois ou ce qui a le caractère d'une loi. Par exemple, on peut parler d'une assemblée législative ou du pouvoir législatif. Enfin, l'adjectif **judiciaire** qualifie ce qui est relatif à l'administration de la justice. On parlera donc d'un dossier judiciaire, d'un casier judiciaire ou d'une erreur judiciaire.

210 Quel rapport y a-t-il entre le savon et les téléromans ?

«Roman-savon» est un calque de l'anglais. Les Américains appellent *soap opera* (ou *soap* tout court) les feuilletons présentés à la télévision. On raconte qu'à l'origine, ces feuilletons étaient presque toujours commandités par des compagnies de savon, d'où le nom anglais. Chez nous, on a inventé le mot **téléroman** pour désigner cette réalité. Le **radioroman** est l'équivalent radiophonique du téléroman. Tous les téléromans ne sont pas extravagants ou mélodramatiques. Au figuré, toutefois, on rend généralement *soap* par **roman-feuilleton** ou **mélodrame**. Par exemple, on évitera de dire : Sa vie est un véritable «roman-savon». On dira, plutôt : Sa vie est un véritable **ROMAN-FEUILLETON**. Ou encore : Sa vie est un véritable **MÉLODRAME**.

211 En tout et partout est-elle une expression reconnue ?

La formulation correcte est **EN TOUT ET POUR TOUT**. **En tout et pour tout** a un sens légèrement plus fort que la locution quasi-synonyme **au total**. Par exemple, si on dit qu'il y a 20 personnes **en tout et pour tout**, c'est qu'on veut vraiment insister sur le fait qu'il y a 20 personnes et pas une de plus.

212 Toutes les bouchées sont-elles des mordées ?

Le mot **mordée**, qu'on emploie couramment chez nous, est considéré comme un régionalisme. Dans les autres pays francophones, on utilise toujours le mot **bouchée** pour désigner un morceau d'aliment qu'on se met dans la bouche, peu importe le contexte. Chez nous, les mots **bouchée** et **mordée** n'ont pas tout à fait le même sens. Pour nous, une **bouchée**, c'est une certaine quantité de nourriture qu'on se met dans la bouche avec les doigts, une fourchette, une cuillère ou même des baguettes.

En revanche, la **mordée** est un morceau de nourriture qu'on arrache avec les dents. On peut prendre une **mordée** dans une pomme, par exemple. Toujours dans la langue familière de chez nous, le terme **mordée** est parfois synonyme de **morsure**. Certains régionalismes sont riches et colorés, et il ne faut pas se priver de les utiliser.

213 — Êtes-vous déjà allé aux Trois-Rivières et à Les Cèdres ?

Les noms de ville dont le premier élément est un adjectif numéral, comme **Deux-Montagnes**, **Trois-Rivières**, **Trois-Pistoles** et **Sept-Îles**, sont toujours singuliers. Il ne nous viendrait pas à l'idée de dire que Trois-Pistoles « sont » une belle ville, que Deux-Montagnes « ont élu » un nouveau maire ou que Sept-Îles « reçoivent » beaucoup de neige en hiver ! De même, on va **À TROIS-RIVIÈRES** et non « aux Trois-Rivières ».

Les noms de lieux commençant par un article défini pluriel, comme **Les Cèdres**, **Les Éboulements** et **Les Escoumins**, obéissent aux règles de la contraction de l'article lorsqu'ils sont précédés de la préposition **à**. Par exemple, au lieu de dire qu'on est allé « à Les Cèdres », « à Les Éboulements » ou à « Les Escoumins », on dira qu'on est allé **AUX CÈDRES, AUX ÉBOULEMENTS** ou **AUX ESCOUMINS**.

| 214 | Peut-on taponner sans toucher ? |

Le verbe **taponner** est un régionalisme qu'on doit réserver à la langue familière. Dans la langue soutenue, il est préférable de remplacer **taponner** par **toucher, palper, triturer, manipuler** ou **pétrir**. Plus familièrement, on peut aussi utiliser le verbe **tripoter**. Dans son emploi intransitif, **taponner** est synonyme des verbes **lambiner, traîner, hésiter** ou **flâner**.

| 215 | Les sparages sont-ils violents ? |

« Faire des sparages » est un anglicisme. « Sparage » vient du verbe anglais *to spar*, qui signifie, selon le contexte, **s'entraîner à la boxe** ou **se bagarrer amicalement**. Dans la langue familière de chez nous, les « sparages » sont des gestes exagérés et inutiles. Au lieu de dire qu'une personne « fait des sparages », il est plus correct de dire que cette personne **GESTICULE** ou qu'elle **DÉPLACE BEAUCOUP D'AIR**.

| 216 | Les droits de l'homme et les droits de la personne sont-ils des droits humains ? |

Dans les autres pays francophones, on appelle toujours **droits de l'homme** l'ensemble des facultés et prérogatives considérées comme inhérentes à tout être humain. Il est important de préciser que l'expression **droit de l'homme** n'exclut pas les femmes. En effet, le mot **homme**, tel qu'il est employé dans cette expression, est pris au sens large.

Droits de la personne est un synonyme acceptable. Cependant, bien que ce terme soit de plus en plus courant chez nous, il n'a pas encore supplanté **droits de l'homme**. En outre, contrairement à **droits de l'homme**, qui est officiellement utilisé dans les textes de droit international, **droits de la personne** appartient à la langue générale, du moins pour l'instant. Enfin, **droits humains** est un calque de l'anglais et son emploi, bien qu'il tende à se généraliser, est toujours critiqué.

217 De quel genre sont les ratés de votre voiture ?

Dans son sens le plus connu, le mot **raté** désigne une personne qui n'a rien fait de sa vie. Dans la plupart des contextes, **raté** peut avantageusement remplacer l'anglicisme « loser ». Dans la langue de l'automobile, on appelle également **raté** ou, plus précisément, **raté d'allumage**, le bruit d'un moteur à explosion qui fonctionne mal.

Il faut noter que le mot **raté** est de genre masculin. Cependant, puisqu'on utilise généralement ce mot au pluriel, on a rarement à se soucier de son genre, sauf dans les cas où on doit qualifier les ratés. On dira, par exemple : Le moteur de ma voiture a des **ratés bruyants** et non des « ratées bruyantes ».

218 — Vaut-il mieux faire preuve d'humanisme, d'humanitarisme ou d'humanité ?

Le mot **humanisme** désigne un mouvement intellectuel qui a pour objectif d'élever la dignité de l'esprit humain par la culture littéraire classique. On appelle également **humanisme** la formation de l'esprit humain par la culture littéraire. L'humanisme n'a rien à voir avec la philanthropie. En revanche, l'**humanitarisme** est un amour inconditionnel et utopique du genre humain. Ce mot est rarement utilisé dans la langue de tous les jours. En outre, on lui reconnaît généralement une valeur péjorative. Enfin, l'**humanité** est un sentiment de bienveillance envers tous les êtres humains. Donc, lorsqu'on manifeste de la sympathie pour ses semblables, on fait preuve d'**HUMANITÉ** et non d'« humanisme ».

219 — Quelle différence y a-t-il entre une barricade, un barrage et un blocus ?

Une **barricade** est un obstacle fait de l'amoncellement d'objets divers. Par exemple, on peut construire une barricade avec de vieux pneus, de la ferraille ou des débris pour se protéger dans un combat de rue. On construit souvent des barricades pendant les guerres civiles. En revanche, lorsque des manifestants bloquent une route pour exercer des pressions sur les autorités, on dira qu'ils érigent un **BARRAGE ROUTIER** et non une « barricade ».

Blocus est un terme de la langue militaire qui désigne le fait d'assiéger une ville ou un État et de l'isoler complètement en coupant l'ensemble de ses communications. À moins de travailler pour le ministère de la Défense nationale, il est assez rare qu'on ait à utiliser **blocus** dans les conversations courantes !

220 — Existe-t-il une heure spécifique pour faire des affaires ?

Bien sûr, on peut faire des affaires à toute heure du jour et de la nuit. Toutefois, l'expression « heures d'affaires » est le calque de la locution anglaise *business hours*. En français, on appelle **heures d'ouverture** les heures pendant lesquelles les entreprises, les commerces et certains autres types d'établissements sont accessibles à la clientèle. Les entreprises commerciales devraient donc indiquer leurs **HEURES D'OUVERTURE** et non leurs « heures d'affaires ». Dans le cas d'un bureau administratif, on peut également parler des **HEURES DE BUREAU**.

Les hôpitaux et les musées peuvent aussi afficher leurs **heures d'ouverture**. Toutefois, comme ces établissements accueillent des visiteurs, les termes **HEURES DE VISITE** et **HEURES DES VISITES** sont tout à fait pertinents.

221 — De nos jours, peut-on vraiment se fier sur quelqu'un ?

De nos jours, on ne devrait pas « se fier sur » quelqu'un. Pourquoi ? Tout simplement parce que la locution « se fier sur » est considérée comme archaïque. En français moderne, on **COMPTE SUR** quelqu'un, mais on **SE FIE À** quelqu'un. Dans la langue soutenue, on peut également dire qu'on **S'EN REMET À** quelqu'un. En revanche, dans la langue de tous les jours, on évitera de dire :« je me fie sur vous ». On dira plutôt : **JE ME FIE À VOUS, JE COMPTE SUR VOUS** ou encore **JE VOUS FAIS CONFIANCE**.

Enfin, il faut noter que les locutions **faire confiance** et **avoir confiance** ne sont pas suivies des mêmes prépositions. On **FAIT CONFIANCE À** quelqu'un et **ON A CONFIANCE EN** quelqu'un. Donc, lorsqu'on **FAIT CONFIANCE À** une personne, on **A CONFIANCE EN** elle.

222 Faut-il être marin pour passer la vadrouille ?

En principe, le mot **vadrouille** appartient à la langue de la marine. En effet, la vadrouille est un accessoire de nettoyage formé d'un manche et de gros cordages que les marins utilisent pour nettoyer les ponts des navires. Pour désigner l'accessoire qu'on utilise pour laver les planchers, **vadrouille** est un régionalisme parfaitement acceptable. En Europe, cependant, on appelle **balai à franges** l'équivalent domestique de la vadrouille. Chez nous, le terme **balai à franges** désigne un accessoire ménager légèrement différent. Il s'agit d'une sorte de vadrouille plate qui sert à dépoussiérer les planchers. Autrement dit, on trempe la **vadrouille** dans l'eau avant de l'utiliser et on passe le **balai à franges** à sec. Enfin, la **vadrouille-éponge**, comme son nom l'indique, est une vadrouille munie d'une éponge au lieu de franges. Et bien sûr, « mop » est toujours considéré comme un anglicisme.

223 — La chirurgie peut-elle être élective ?

Disons d'abord que la **chirurgie** est une branche de la médecine et non un acte médical. Donc, lorsqu'on passe sous le bistouri, on subit une **opération** ou une **intervention chirurgicale** et non une « chirurgie ».

Dans la langue médicale, **électif** est à peu près synonyme de **sélectif**. On parlera d'**amnésie élective**, par exemple. Dans la langue administrative, **électif** sert à qualifier ce qui est nommé par élection. Par exemple, on peut parler d'un **poste syndical électif**. On ne devrait pas utiliser l'anglicisme « chirurgie élective » pour parler des interventions chirurgicales qui ne présentent pas de caractère urgent. Pour désigner ces opérations, on doit plutôt parler d'**OPÉRATIONS** (ou d'**INTERVENTIONS**) **NON URGENTES, FACULTATIVES** ou **DIFFÉRÉES**.

224 — Toutes les divas sont-elles des primas donnas ?

On appelle **divas** les grandes vedettes féminines de l'art lyrique. L'équivalent masculin *divo*, qui est pratiquement inusité de nos jours, désignait autrefois les grands chanteurs qui avaient la faveur du public. Depuis quelques années, sous l'influence de l'anglais, on utilise parfois le terme **diva** pour parler des chanteuses à voix du monde de la musique pop. Les Américains considèrent Céline Dion comme l'une des plus grandes divas de notre époque.

Prima donna est un autre terme musical, emprunté à l'italien, mais il n'a pas tout à fait le même sens que le mot **diva**. La **prima donna** est une chanteuse classique, généralement une soprano, qui tient les premiers rôles à l'opéra. D'ailleurs, **prima donna** signifie littéralement **première dame**. Au figuré, **diva** et **prima donna** désignent des personnes capricieuses et susceptibles.

225 Peut-on dormir dans la salle de bain ?

La **salle de bain** est la pièce de la maison où se trouvent la baignoire, la cuvette et le lavabo. « Chambre de bain » est un calque de l'anglais. Dans une maison, une **chambre** est une pièce où on dort. On considère généralement **salle d'eau** et **salle de bain** comme des synonymes. Selon les spécialistes, toutefois, il existe une petite nuance entre les deux termes : la **salle d'eau** est ce qu'on appelle parfois la **deuxième salle de bain**. En général, la **salle d'eau** ne comprend que la cuvette ou la cuvette et un lavabo et, dans certains cas, la laveuse et la sécheuse. Enfin, le **cabinet de toilette**, que nos amis anglophones appellent *powder-room*, est une petite pièce où se trouvent une cuvette et un meuble-lavabo.

226 Y a-t-il du crémage sur votre gâteau de fête ?

Disons d'abord que la **fête** est le jour consacré au saint dont on porte le nom. Quant à l'**anniversaire**, c'est le jour où on entre dans une nouvelle année d'âge.

Mais peut-on mettre du **crémage** sur un gâteau ? En ce sens, **crémage** est un régionalisme critiqué. Dans la langue de l'industrie laitière, le **crémage** est le fait, pour la crème, de remonter à la surface du lait au repos. La préparation sucrée dont on recouvre les gâteaux s'appelle **glace** ou **glaçage** et non « crémage ». Enfin, il ne faut pas confondre **glaçage** et **glaçure**. La **glaçure** est une sorte de vernis dont on recouvre la porcelaine et la céramique pour leur donner un aspect vitrifié.

227 — Comment traduire les mots anglais sequel et prequel ?

Certains films empruntent les personnages d'un film tourné précédemment. C'est ce que les Américains appellent *sequel*. En français, ce genre de film s'appelle **suite**, puisque l'intrigue du deuxième film suit l'intrigue du premier film.

On a proposé le néologisme **antépisode** pour désigner un film produit après un autre film d'une même série, mais dont l'intrigue se déroule avant l'intrigue du film d'origine. C'est ce que les Américains appellent *prequel*. Par exemple, les films de la saga cinématographique *La guerre des étoiles* ont été tournés dans le désordre. Certains de ces films sont donc des **antépisodes** du premier film de la série, tourné à la fin des années 70.

228 — Comment trouvez-vous le look des gens lookés ?

Le mot anglais **look** est accepté en français. **Look** est à peu près synonyme des mots **genre**, **allure** et **style**. En fait, le **look** est un style étudié, qui se veut distinctif et branché. En Europe, depuis quelques années, on dit parfois d'une personne qu'elle est **lookée**. L'adjectif «looké» qualifie une personne qui a une allure recherchée et assez remarquable. Dans la langue de chez nous, au lieu de dire qu'une personne est «lookée», on dira plutôt que cette personne **A UN STYLE TRÈS PERSONNEL**. Et au lieu de dire qu'une personne est «lookée jeune», on dira simplement que cette personne **A L'AIR JEUNE**.

229 — Le conseil municipal est-il un conseil de ville ?

Chez nous, au début du XIXe siècle, le **conseil municipal** s'est aussi appelé «conseil de ville». Toutefois, cette appellation, qui n'a jamais été vraiment reconnue, a disparu des textes officiels il y a plus de cent ans. Le terme consacré pour désigner un conseil composé de membres élus, chargés de régler les affaires d'une municipalité est **CONSEIL MUNICIPAL**. Il suffit de retenir qu'on dit **conseiller municipal** et non «conseiller de ville».

Mais quelle différence y a-t-il entre le **conseiller** et l'**échevin**? Aucune, en fait. Le mot **échevin** et son féminin **échevine**, qu'on a longtemps employés pour désigner les membres élus d'un conseil municipal, sont de moins en moins courants. **Échevin** a été remplacé par **conseiller municipal**.

230 — Peut-on souhaiter à quelqu'un de passer une bonne journée ?

Bien sûr, il est parfaitement légitime de souhaiter à quelqu'un que sa journée se passe bien. En principe, toutefois, on ne devrait pas dire à quelqu'un : « Passez une bonne journée. » Pourtant, la phrase est bien construite. En réalité, il s'agit d'une simple question d'usage.

En anglais, on dit *have a nice day*, ce qui signifie littéralement « ayez une bonne journée ». En français, en revanche, l'usage veut qu'en général, on n'utilise pas de verbes conjugués dans les souhaits usuels. Par exemple, on dira **BON VOYAGE** et non « faites un bon voyage », **JOYEUX ANNIVERSAIRE** et non « ayez un joyeux anniversaire » et **BON APPÉTIT** et non « que votre appétit soit bon ». De même, en quittant une personne à qui on veut souhaiter une agréable journée, il suffit de dire **BONNE JOURNÉE**!

231 — Qui fut la première personne née par césarienne ?

La première naissance par césarienne remonte probablement à l'Antiquité. Mais d'où vient le mot **césarienne**? En fait, l'origine du mot est obscure. Selon la légende populaire, Jules César aurait été la première personne à voir le jour grâce à une césarienne et il aurait donné son nom à l'opération chirurgicale. Il se peut que César soit né par césarienne. Toutefois, ce n'est pas lui qui a donné son nom à l'opération. En réalité, ce serait peut-être le contraire. En effet, il est possible que César doive son nom à l'opération qui lui aurait permis de voir le jour.

Le mot **césarienne** vient du verbe latin *caedere*, qui signifiait **couper**. Toujours en latin, on appelait *caesar* un enfant mis au monde par incision et c'est peut-être pourquoi César s'appelle César.

232 Quand on tombe dans le panneau, de quel panneau s'agit-il ?

Lorsqu'on entend le mot **panneau**, on pense d'abord à une surface plane généralement faite de bois. Alors, comment peut-on tomber dans un panneau ? En réalité, le **panneau** dont il est question dans l'expression **tomber dans le panneau** n'est pas une surface de bois, mais bien un morceau d'étoffe ou un filet qu'on utilisait autrefois pour capturer le gibier.

Panneau vient du mot latin *pannus* qui désignait un morceau de vêtement. Ce terme a également donné les mots **pan** et **panel**. Un **pan** est un grand morceau d'étoffe et un **panel** est un échantillon de personnes qu'on interroge sur différents sujets. **Panel** ne vient pas directement du latin. En effet, **panel** nous est parvenu par l'anglais. Ce mot désignait à l'origine un morceau de parchemin sur lequel figurait une liste de jurés.

233 — Souffrez-vous d'une addiction ?

Bien qu'on le trouve dans certains dictionnaires, « addiction » est toujours considéré comme un anglicisme. Ce mot est principalement associé à la consommation de drogues. Le mot **assuétude**, qui désigne la dépendance physique ou psychique d'un sujet envers une drogue, est considéré comme vieilli. En français moderne, on utilise plutôt les termes **dépendance physique, physicodépendance** et **pharmacodépendance** pour parler d'une dépendance de nature physique, et les termes **dépendance psychique, tolérance, accoutumance** et **psychodépendance**, pour parler d'une dépendance de nature psychique. Et bien sûr, on peut employer le mot **toxicomanie** pour désigner un ensemble de dépendances physiques et psychiques associées aux drogues.

234 — Le greasy spoon est-il un ustensile ?

Évidemment, « greasy spoon », qui signifie littéralement « cuillère graisseuse », est un américanisme à éviter. Le mot que les Français utilisent pour désigner un restaurant bon marché où la nourriture est de qualité parfois douteuse est **GARGOTE**. On appelle également **boui-boui** ce type de restaurant, mais ce mot ne s'est pas implanté chez nous. **Gargote** est un terme familier plutôt sympathique et il a l'avantage de rimer avec des mots bien de chez nous comme **barbote** et **gibelotte**, qui ont aussi une connotation un peu péjorative.

235 — Pourquoi tombe-t-on dans les pommes plutôt que dans les bananes ?

C'est parce qu'à l'origine, cette expression n'avait rien à voir avec les fruits. Selon certains spécialistes, l'expression véritable était **tomber dans les pâmes** et non « tomber dans les pommes ». Le mot **pâme**, qui était synonyme de **pâmoison**, est maintenant considéré comme archaïque.

Au fil des siècles, les gens auraient changé les **pâmes** en **pommes** pour s'amuser et l'expression **tomber dans les pâmes** aurait fini par devenir **tomber dans les pommes**. Il faut préciser que cette explication amusante est très contestée et que la véritable origine de l'expression est assez obscure. Quoi qu'il en soit, **tomber dans les pommes** est un équivalent pittoresque du verbe et des locutions **s'évanouir**, **perdre connaissance** et **perdre conscience**.

236 — Faut-il être un dealer pour dealer avec quelque chose ?

On trouve les mots anglais *deal* et *dealer* dans certains dictionnaires français, mais leur utilisation est réservée à la langue du trafic des drogues. « Dealer », c'est vendre de la drogue à petite échelle. Le « dealer » est celui qui vend des drogues dans les rues. C'est en quelque sorte un vendeur de drogue au détail. Dans la langue surveillée, on devrait plutôt utiliser le mot **TRAFIQUANT**.

On peut remplacer l'anglicisme « dealer avec » par la locution **composer avec**. Par exemple, on évitera de dire : Je suis incapable de « dealer avec » ça. On dira plutôt : Je suis incapable de **COMPOSER AVEC** ça. Et au lieu de dire qu'on ne sait pas comment «dealer avec» une situation, on peut dire qu'on ne sait pas **COMMENT AGIR** ou **QUOI FAIRE** dans cette situation ou qu'on ne sait pas **COMMENT FAIRE FACE À** cette situation.

237 La payola est-elle un retour d'ascenseur ?

Payola est la contraction du mot anglais *pay*, qui signifie **rétribution**, et du nom *Victrola*, qui était une marque de gramophone. Dans les années 50, aux États-Unis, on appelait *payola* le fait, pour des animateurs d'émissions musicales, de privilégier la diffusion de certains disques en échange d'argent ou de cadeaux. En français, dans la plupart des contextes, on utilise le mot **POT-DE-VIN** pour désigner cette réalité.

Dans le jargon administratif, on parle parfois de **dessous-de-table**. Le mot d'origine turque **bakchich** est également correct, mais assez peu courant chez nous. Enfin, bien que l'expression **renvoyer l'ascenseur** soit tout à fait correcte, la locution «retour d'ascenseur» n'est pas encore consacrée. En français, on parle plutôt d'un **ÉCHANGE DE BONS PROCÉDÉS**.

238 La serviette de plage est-elle une serviette de bain ?

Comme son nom le suggère, la **serviette de bain** est une grande serviette qu'on utilise pour se sécher à la sortie du bain. En revanche, la **serviette de plage** est la serviette sur laquelle on s'étend à la plage ou à la piscine. En général, la serviette de plage est un peu plus grande que la serviette de bain.

Le **drap de plage** est une serviette de plage surdimensionnée. En effet, le drap de plage est environ deux fois plus grand qu'une serviette de plage standard. Deux personnes peuvent s'étendre confortablement sur ce type de serviette. Le **drap de plage** peut aussi servir de nappe pour les pique-niques sur le sable. Enfin, on appelle **tapis de plage** l'immense toile dont on recouvre le sable pour pratiquer certaines activités sportives ou récréatives.

239 Est-il vraiment prudent de se faire griller ?

Dans son sens premier, le verbe **griller** signifie **rôtir sur le gril**, en parlant d'une viande. Inutile de dire qu'une personne n'a pas intérêt à griller ! Le verbe le plus courant pour désigner l'action de se faire brunir la peau au soleil est **bronzer**. Une peau bronzée est une peau devenue brune par exposition au soleil.

Une peau **basanée** est aussi une peau brunie par le soleil. En ce sens, **basané** est parfaitement synonyme de **bronzé**. En revanche, contrairement à l'adjectif **bronzé**, **basané** peut également qualifier une peau naturellement foncée. Quant à l'adjectif **halé**, il sert à qualifier une peau légèrement dorée par le soleil. Enfin, l'adjectif **tanné** qualifie une peau d'un brun rougeâtre, qui a un peu l'apparence du cuir.

240 — Êtes-vous loquace ou lokouasse ?

L'adjectif **loquace** se prononce **LO-KASS**. La prononciation « lo-kwass » est considérée comme vieillie. Rappelons qu'une personne **loquace** est une personne qui ne se fait pas prier pour parler. Il faut préciser que ce terme n'est pas nécessairement péjoratif.

Il ne faut pas confondre **loquace, volubile, bavard** et **éloquent**. Une personne **volubile** est une personne qui parle beaucoup et rapidement. Selon le contexte, l'adjectif **volubile** peut être neutre ou péjoratif. Quant à l'adjectif **bavard**, il qualifie une personne qui parle trop et qui peut commettre des indiscrétions. Enfin, on utilise l'adjectif **éloquent** pour qualifier les personnes qui s'expriment bien et avec aisance. Par exemple, un conférencier habile et intéressant est une personne éloquente.

241 — Doit-on dire qu'on a les yeux grand ouverts ou grands ouverts ?

En français moderne, l'adjectif **grand** dans la locution adverbiale **grand ouvert** s'accorde en genre et en nombre avec l'adjectif **ouvert**. On dira : Elle a le cœur **grand ouvert** ; la porte est **grande ouverte** ; il avait les yeux **grands ouverts**. Certains dictionnaires, dont le *Petit Robert*, donnent au moins un exemple dans lequel **grand** demeure invariable devant l'adjectif **ouvert**.

Par contre, on dit dans le *Dictionnaire Bordas des pièges et difficultés de la langue française* que l'invariabilité de l'adjectif **grand** est moins conseillée. Pour sa part, Le *Bon Usage* de Grevisse précise que l'accord de l'adjectif est plus courant, sans toutefois condamner l'invariabilité. Autrement dit, on peut faire ou ne pas faire l'accord, mais puisqu'on le fait généralement, la liaison se fait le plus souvent en **z**. On peut donc dire qu'on a les yeux **GRANDS (Z) OUVERTS**.

242 — Les termes enquête, investigation et sondage sont-ils synonymes ?

Pas tout à fait. L'**enquête** est une procédure administrative ou judiciaire ayant pour but de réunir des éléments de preuve afin d'éclaircir des faits ou de prendre des décisions. L'**investigation** est une procédure policière ou judiciaire consistant à recueillir des données, des dépositions et des opinions afin de monter un dossier. L'**investigation** est une recherche systématique beaucoup plus approfondie qu'une simple enquête.

Enfin, le **sondage** est une forme d'enquête qui n'a rien à voir avec la justice. En effet, le sondage est une méthode sommaire et rapide d'enquête qui porte sur un nombre limité de questions et qui s'adresse à un échantillon représentatif d'une population donnée. De nos jours, les sondages se font par téléphone ou par Internet.

243 — Y a-t-il des hindous aux Indes ?

Depuis que l'Inde a acquis son indépendance en 1947, il faut parler de l'**INDE** et non « des Indes ».

Il y a beaucoup d'hindous en Inde, mais tous les Indiens ne sont pas hindous et tous les hindous ne sont pas en Inde. Il ne faut pas confondre religion et nationalité. Par exemple, on ne dirait pas qu'une personne est de père « catholique » et de mère chinoise, ou encore que la population de Vancouver est d'origine anglo-saxonne et « protestante » ! Les hindous sont des adeptes d'une religion et non un peuple à proprement parler. On appelle **hindous** ou **hindouistes** les adeptes de la religion hindouiste, peu importe le pays où ils habitent. En revanche, les habitants de l'Inde s'appellent **INDIENS** et non « Hindous ». Le terme **hindou**, pris au sens d'**indien** est considéré comme vieilli.

244 — Quelle est la forme masculine de l'adjectif pécuniaire ?

La forme masculine de **pécuniaire** est… **pécuniaire** ! La forme féminine aussi, d'ailleurs. En fait, l'adjectif **pécuniaire** est épicène, c'est-à-dire qu'il conserve la même forme au masculin et au féminin. Il faut préciser que **pécuniaire** a une terminaison en **–aire** et non en « -ère ». Il ne faut pas tomber dans le piège. L'adjectif « pécunier » ne figure pas dans les dictionnaires reconnus.

Les termes **bénéficiaire, auxiliaire, domiciliaire, pénitentiaire, judiciaire, fiduciaire** et **tertiaire** ont aussi une terminaison en **–aire**. Au masculin, ces mots ne font pas « bénéficier », « auxilier », « domicilier », etc. Les gens qui disent « pécunier » au lieu de **PÉCUNIAIRE**, au masculin, le font probablement par association avec l'adjectif **financier**. D'ailleurs, on peut remplacer **pécuniaire** par **financier** dans de nombreux contextes.

245 Les bottines sont-elles spirituelles ?

Dans chaque pays francophone, il existe un certain nombre d'expressions imagées qu'on ne trouve pas ailleurs. Quand ces locutions sont bien formées, il n'y a aucune raison de ne pas les utiliser. L'amusante expression **faire de l'esprit de bottine** fait partie de ces expressions régionales acceptables. D'ailleurs, en français standard, il n'existe pas vraiment de tournure aussi pittoresque pour exprimer le fait d'avoir recours à un humour un peu facile pour amuser l'entourage.

L'expression **faire de l'esprit** est correcte, mais elle a une certaine connotation péjorative. Une personne qui fait de l'esprit cherche généralement à montrer la finesse qu'elle pense avoir, mais qu'elle a rarement. Dans la langue surveillée, on peut remplacer **faire de l'esprit de bottine** par les verbes bien connus, mais beaucoup moins évocateurs, **plaisanter**, **rigoler**, **blaguer** ou **badiner**.

246 — Le gambler est-il plus compulsif que le joueur ?

Il existe quatre équivalents français pour remplacer le mot anglais *gambler*, en l'occurrence **JOUEUR**, **FLAMBEUR**, **JOUEUR COMPULSIF** et **JOUEUR PATHOLOGIQUE**. Tous ces termes ne sont pas parfaitement synonymes, toutefois. **Joueur** est le terme générique. Le **joueur** est une personne qui aime s'adonner aux jeux de hasard, pour le simple plaisir de la chose. Le **flambeur**, pour sa part, est une personne qui joue de grosses sommes dans des jeux de hasard. Le flambeur n'est pas nécessairement dépendant du jeu. Le **joueur compulsif**, par contre, est une personne qui a développé une dépendance aux jeux de hasard. Le joueur compulsif peut difficilement résister à l'attrait du jeu. Enfin, le **joueur pathologique** est un joueur dont la passion du jeu constitue un handicap majeur.

247 — Le vaudeville est-il une forme burlesque de music-hall ?

En fait, les termes **music-hall**, **vaudeville** et **burlesque** désignent trois type de spectacles assez différents. Le **music-hall** est un spectacle à grand déploiement, composé de chants, de sketches, de danses et parfois même de numéros de cirque. En Europe, le **vaudeville** est une comédie légère fertile en rebondissements qui s'apparente au **théâtre de boulevard**. Chez nous, toutefois, sous l'influence de l'anglais, on considère le **vaudeville** comme une forme de music-hall plus populiste que le music-hall traditionnel. Le vaudeville a connu ses heures de gloire au début du XXe siècle. Enfin, chez nous et aux États-Unis, le **burlesque** était une sorte de vaudeville plus osé, auquel on ajoutait parfois un spectacle de danseuses ou d'effeuilleuses. Dans le vocabulaire du théâtre, la **comédie burlesque** est une comédie extravagante.

248 — Pourquoi le mot poêle a-t-il les deux genres ?

Le poêle qui nous réchauffe et **la poêle** dans laquelle on fait sauter les aliments ont des genres différents, tout simplement parce qu'ils ont des origines différentes. Le mot **poêle** qui est de genre masculin vient du mot latin *pensilis*, qui signifiait **suspendu**. Autrefois, les bains chauffés étaient à l'étage et on les chauffait par le dessous. Le mot **poêle** a fini par désigner la chambre chauffée où se trouvait le bain, puis l'appareil de chauffage lui-même. On dit **le** poêle parce que *pensilis* était de genre masculin.

Quant à **la** poêle, ce mot vient de *paele*, qui signifiait chaudron en latin vulgaire ou, c'est le cas de le dire, en latin de cuisine ! Le mot espagnol **paella** vient aussi de *paele*. La **paella** est un mets espagnol qu'on prépare dans une poêle.

249 — Doit-on dire à Sri Lanka ou au Sri Lanka ?

Devant un nom d'île, on utilise les préposition **à** ou **en**, ou l'article contracté **au**. Quand le nom de l'île est féminin et peut être précédé d'un article défini, on utilisera la préposition **en**. Par exemple, on dit **la** Sardaigne et **en** Sardaigne. Quand le nom de l'île est masculin et qu'il peut être précédé d'un article défini, on utilisera l'article contracté **au**. Par exemple, on dit **le** Groenland et **au** Groenland. Enfin, quand le nom de l'île ne peut pas être précédé d'un article défini, on utilisera la préposition **à**. Par exemple, on dit Tahiti et **à** Tahiti.

Dans le cas de **Sri Lanka**, l'usage est un peu flottant. En principe, on ne devrait pas dire « le Sri Lanka », mais bien **SRI LANKA**. Toutefois, on tolère l'utilisation des articles **le** et **au** devant le nom de cette île. On peut donc dire **À SRI LANKA** ou **AU SRI LANKA**.

250 — Doit-on parler de la Birmanie ou du Myanmar ?

Il arrive que des pays changent de nom au cours de leur histoire. Ces changements sont généralement attribuables à des décisions politiques ou à des déplacements de frontières.

Le nom officiel du pays qu'on appelait autrefois Birmanie est **UNION DU MYANMAR**. Dans la langue courante, bien sûr, on peut parler du **Myanmar**, tout simplement. Ce nom est de genre masculin. On dira donc **le Myanmar, au Myanmar** et **du Myanmar**. Ce nom étranger n'a pas d'adjectif dérivé reconnu. On trouve «myanmarien» dans certains textes, mais cet adjectif n'est pas officiel. Il faut plutôt dire **DU MYANMAR**. En outre, il n'existe aucun gentilé officiel pour désigner les habitants de ce pays. Il faut donc parler des **habitants du Myanmar** ou des **gens du Myanmar**.

251 — Un black-out est-il une panne d'électricité ou une panne de courant ?

Pour désigner une rupture accidentelle du courant électrique dans un circuit ou une ligne de transmission, les termes **panne d'électricité** et **panne de courant** sont tout à fait corrects. Lorsque le contexte est suffisamment clair, les mots **panne**, **interruption** et **défaillance**, employés seuls, sont aussi acceptables. Enfin, le terme **coupure de courant** est également pertinent pour désigner une interruption accidentelle ou prévue de l'alimentation électrique.

Quant au mot anglais *black-out*, il est utilisé dans la langue militaire pour désigner une mesure de sécurité consistant à plonger une ville entière dans l'obscurité complète afin de réduire les risques d'attaque aérienne. En revanche, pour désigner une panne de courant majeure affectant un vaste secteur, on utilisera plutôt les termes **panne générale** ou **panne généralisée**.

252 Vaut-il mieux séduire, aguicher ou allumer ?

À l'origine, **séduire** signifiait **détourner quelqu'un du droit chemin** ou **amener une personne à des rapports sexuels hors mariage**. Il n'y a pas si longtemps, la séduction était considérée comme une manœuvre typiquement féminine. Évidemment, **séduire** a perdu cette connotation sexiste. De nos jours, **séduire**, c'est attirer irrésistiblement un homme ou une femme, sans créer ni entretenir d'illusion.

En revanche, les verbes **aguicher** et **allumer** ont toujours une connotation péjorative. **Aguicher**, c'est exciter et attirer un homme par des manières provocantes. Le verbe quasi-synonyme **allumer** signifie **séduire un homme en suscitant chez lui le désir sexuel**. Enfin, une **allumeuse** est une femme provocante. Étrangement, le terme **allumeur** n'a pas ce sens en français moderne. Il y a pourtant beaucoup d'hommes qui se prêtent au jeu de la séduction...

253 Le meurtre est-il plus grave que l'homicide et l'assassinat ?

Le terme **homicide** appartient à la langue administrative. Par définition, un homicide est l'action de tuer un être humain. L'homicide peut être volontaire ou involontaire. Un homicide involontaire est un homicide commis par imprudence ou par négligence. Un homicide volontaire, prémédité ou non, est un **meurtre**. Autrement dit, le **meurtre** est le fait de tuer délibérément une personne.

On distingue deux types de meurtres : le meurtre au premier degré et le meurtre au second degré. **Le meurtre au premier degré** est un meurtre commis avec préméditation. En revanche, on appelle **meurtres au second degré** tous les autres types d'homicides volontaires. Enfin, on appelle **assassinat** un meurtre prémédité soigneusement préparé. **Assassinat** est surtout utilisé pour désigner le meurtre d'une personnalité publique.

254 Peut-on changer un tchèque qui a rebondi ?

Il y a trois erreurs courantes dans cette simple phrase. Disons, d'entrée de jeu, que les Tchèques sont en Europe de l'Est et non dans nos portefeuilles ! En effet, le mot **chèque** se prononce **CHÈK**, à la française, et non « tchèk », à l'anglaise. La locution « changer un chèque » est considérée comme un calque de l'anglais. En français, on **ENCAISSE UN CHÈQUE** ou on **TOUCHE UN CHÈQUE**.

Précisons que seuls les chèques en caoutchouc peuvent rebondir ! Dans la langue des finances, on appelle **CHÈQUE SANS PROVISION** un chèque tiré sur un compte insuffisamment approvisionné. Les expressions « chèque sans fond » et « chèque qui rebondit » sont des calques approximatifs de l'anglais. Dans la langue familière, nos amis français utilisent l'expression **chèque en bois** pour désigner le chèque sans provision. Il faut préciser que, dans l'expression **chèque sans provision**, le mot **provision** est au singulier.

255 Peut-on vraiment assumer quoi que ce soit?

Dans son sens premier, **assumer** signifie **prendre à son compte, se charger de**. Par exemple, on peut assumer une fonction, assumer un emploi, assumer un rôle ou assumer une tâche. En français moderne, on peut également assumer une responsabilité ou assumer une condition. En ce sens, **assumer** signifie **accepter consciemment une situation ou un état**.

Par contre, la locution verbale «assumer que» est toujours considérée comme un anglicisme. En français, selon la notion qu'on veut exprimer, on utilisera plutôt les verbes **ADMETTRE** ou **CONCLURE**, ou encore la locution **TENIR POUR ACQUIS**. Par exemple, on évitera de dire: Il ne faut pas «assumer que» tous les chiens sont méchants. On dira plutôt: Il ne faut pas **CONCLURE QUE** tous les chiens sont méchants. Ou encore: Il ne faut pas **TENIR POUR ACQUIS QUE** tous les chiens sont méchants.

256 Tous les buildings sont-ils des gratte-ciel?

Le mot «building», qu'on entend assez souvent chez nous, est un anglicisme tout à fait inutile. D'ailleurs, dans la plupart des dictionnaires, on indique clairement que ce mot, qui est apparu dans la langue à la fin du XIXe siècle, est maintenant considéré comme vieilli. **GRATTE-CIEL**, en revanche, est un terme correct, mais comme «building» il est de moins en moins employé.

En français moderne, on utilise plutôt le mot **TOUR** pour désigner les grands immeubles urbains à nombreux étages. Par exemple, une **tour à bureau** est une tour qui, comme son nom l'indique, abrite des bureaux commerciaux. La **TOUR D'HABITATION**, comme on peut le deviner, est un immeuble à logements multiples construit en hauteur. En cas de doute, on peut toujours utiliser le mot **immeuble**. En effet, **immeuble** est un terme générique qui désigne un grand bâtiment, utilisé à des fins commerciales ou pour le logement.

257 | Quelle différence y a-t-il entre les verbes distancer et distancier ?

Le verbe **distancer** évoque l'éloignement d'une chose par rapport à une autre. **Distancer**, c'est établir une distance physique ou imaginaire entre deux choses. Par exemple, une voiture peut en distancer une autre sur la route. Au figuré, on peut également dire d'un élève qui a du succès en classe qu'il distance ses camarades, c'est-à-dire qu'il se démarque des autres élèves.

Le verbe **distancier** a un sens plus abstrait. On l'utilise presque toujours à la forme pronominale. **Se distancier** de quelque chose, c'est prendre du recul ou de la distance par rapport à cette chose. Par exemple, un comédien peut se **distancier** de son personnage pour mieux évaluer la qualité de son jeu.

258 — La délinquance est-elle réservée aux jeunes des écoles de réforme?

Le terme **délinquance** appartient à la langue de la sociologie. La délinquance est une conduite répréhensible, caractérisée par des délits répétés. En général, ce terme est associé aux jeunes, mais ce n'est pas toujours le cas. En fait, on peut être délinquant à tout âge. Il existe même une forme de délinquance appelée **délinquance sénile**. Et bien sûr, on parle de **délinquance juvénile** quand les délits sont commis par des jeunes.

Mais envoie-t-on encore les délinquants à l'école de réforme? Le terme « école de réforme » est un anglicisme à éviter. De nos jours, on appelle **centre de réadaptation** l'établissement où on envoie les jeunes délinquants pour les aider à se réadapter à la vie en société. Enfin, le terme « maison de redressement » est considéré comme un archaïsme.

259 — Y a-t-il des traducteurs aux Nations Unies?

Bien sûr, il y a des traducteurs aux Nations Unies. Toutefois, ce ne sont pas les traducteurs qu'on entend à la radio et à la télévision. Le **traducteur** est un professionnel dont le travail consiste à transposer, par écrit, un texte d'une langue dans une autre en transmettant le plus fidèlement possible le message qu'il contient. Le traducteur doit produire un texte clair et correctement rédigé. D'ailleurs, il n'est pas rare qu'un texte bien traduit soit plus intelligible et plus élégant que le texte d'origine.

L'**interprète**, pour sa part, transpose oralement un message d'une langue dans une autre, tout en restant fidèle à l'esprit général du message. On voit surtout les interprètes dans les conférences internationales. L'interprétation simultanée est un exercice difficile, mais moins exigeant que la traduction en ce qui a trait à la forme. En fait, les deux professions exigent des qualités et des compétences différentes.

260 Temps supplémentaire est-il synonyme de surtemps ?

Les termes « temps supplémentaire » et « surtemps » ont une chose en commun : ils sont fautifs ! En effet, on appelle **HEURES SUPPLÉMENTAIRES** et non « temps supplémentaire » les heures de travail effectuées en sus ou en dehors des heures normales. « Temps supplémentaire » et « surtemps » sont des calques de l'anglais. Évidemment, l'anglicisme « overtime » est à éviter.

261 Quel appareil utilise-t-on pour puncher ?

L'espèce d'horloge qu'utilisent les travailleurs pour marquer leurs heures d'entrée et de sortie porte le nom d'**horodateur**, en français. Les termes **horloge de pointage** et **horloge pointeuse** sont également corrects. Bien sûr, l'anglicisme « punch clock » est à éviter. Quant au terme anglais *punch card*, on peut le remplacer par **carte de pointage** ou **fiche de présence**.

262 — Faut-il toujours de l'argent pour acheter quelque chose ?

En français, **acheter**, c'est acquérir un bien ou un droit contre paiement. Au figuré, on peut également dire qu'on achète la paix, par exemple. Par contre, l'expression populaire «je n'achète pas ça» est le calque de l'expression anglaise *I don't buy that*. Dans la langue familière, on peut utiliser les verbes **gober** ou **avaler** pour exprimer le fait de croire naïvement à des faits ou à des concepts dont l'authenticité est douteuse. Par exemple, on évitera de dire : Vous ne croyez quand même pas que je vais «acheter» ça. On dira plutôt : Vous ne croyez quand même pas que je vais **gober** ça. On peut également dire : Vous ne me ferez pas **avaler** ça. Dans la plupart des cas, on peut aussi utiliser le verbe **croire**. Par exemple, on évitera de dire : «Je n'achète pas ce que vous dites». On dira plutôt : **JE NE CROIS PAS CE QUE VOUS DITES** ou **JE NE VOUS CROIS PAS**.

263 — Une bonne nouvelle peut-elle rendre extatique ?

Pour rendre quelqu'un extatique, une nouvelle doit être extraordinaire ! L'adjectif français **extatique** a un sens beaucoup plus fort que son petit cousin anglais *extatic*. En outre, son utilisation est beaucoup moins courante. L'adjectif **extatique** qualifie les personnes qui sont littéralement en état d'extase béate. Cet adjectif est considéré comme un terme didactique. D'ailleurs, son emploi se limite à la langue de la théologie et de la philosophie.

Dans la langue de tous les jours, à moins de vouloir faire une hyperbole un peu humoristique ou sarcastique, on évitera d'utiliser l'adjectif **extatique** pour exprimer un simple sentiment de satisfaction. Dans la plupart des cas, on peut se contenter d'employer les adjectifs **enchanté, comblé, ravi** ou **satisfait**. Et bien sûr, pour exprimer un état de ravissement extrême, on peut aussi utiliser la charmante expression **être aux anges**.

264 — La sollicitation se fait-elle de porte-à-porte ou de porte en porte ?

Porte-à-porte et **de porte en porte** sont des formules tout à fait françaises, mais elles ne sont pas vraiment interchangeables. Tout d'abord, il faut préciser que **porte-à-porte** est un nom commun et qu'il s'écrit avec des traits d'union. On peut **faire du porte-à-porte**, c'est-à-dire faire du démarchage à domicile (de maison en maison ou d'appartement en appartement). Par contre, on ne peut pas dire qu'on fait de la sollicitation « de porte à porte ». Pour exprimer le fait d'aller de maison en maison pour quelque raison que ce soit, il faut plutôt utiliser la locution **DE PORTE EN PORTE**. Autrement dit, les politiciens, les agents d'assurances et les membres de certaines sectes religieuses **font du porte-à-porte**, mais pour ce faire, ils **vont de porte en porte**.

265 — Avoir le motton est-il signe de tristesse ou de richesse ?

Motton est un vieux mot français encore très vivant dans la langue familière de chez nous. À l'origine, **motton** était à peu près synonyme de grumeau. Encore aujourd'hui, on utilise parfois le mot **motton** avec humour, au lieu du terme plus moderne **grumeau**. Bien sûr, dans la langue familière, le sympathique **motton** n'est pas franchement condamnable.

Mais que signifie l'expression populaire **avoir le motton** ? En fait, cette expression régionale peut avoir deux sens bien distincts. Lorsqu'on est très ému, on dit parfois qu'on « a le motton » ou encore qu'on « a un motton » dans la gorge. En français standard, on dira plutôt qu'on **EST ÉMU** ou qu'on a une **BOULE** ou un **NŒUD** dans la gorge. On utilise également l'expression « avoir le motton » pour exprimer le fait d'avoir beaucoup d'argent. En français standard, on dira plutôt qu'on est **RICHE**, **FORTUNÉ** ou **BIEN NANTI**.

266 — Les fans sont-ils plus enthousiastes que les supporters ?

Le mot anglais *fan* appartient à la langue familière. Bien que **fan** figure dans tous les dictionnaires, il est toujours préférable de remplacer cet anglicisme par le mot bien français **ADMIRATEUR**. Il faut également préciser qu'un fan est une jeune personne qui admire avec enthousiasme une vedette de la chanson. En principe, on ne devrait pas utiliser le mot **fan** dans d'autres contextes.

En revanche, il est tout à fait correct d'utiliser le mot anglais **supporter** (qu'on prononce **SU-POR-TÈR**) pour désigner les personnes qui encouragent, souvent bruyamment, les vedettes du sport. La graphie francisée **supporteur** et la forme féminine **supportrice** sont également correctes. Enfin, le mot **partisan** est plus approprié que « supporter » pour qualifier les personnes qui appuient un candidat politique.

267 Les représentations qu'on fait auprès d'un organisme sont-elle vraies ou fausses ?

En fait, on ne peut pas faire de représentations auprès de qui que se soit sans faire un anglicisme ! En effet, l'expression « faire des représentations » est un calque de l'anglais. Selon l'intensité recherchée, on peut dire qu'on **FAIT DES DÉMARCHES AUPRÈS D'**un organisme ou qu'on **EXERCE DES PRESSIONS SUR** l'organisme en question. L'expression « faire du lobbying », qu'on emploie couramment en ce sens, est toujours critiquée.

Il faut également noter que le terme « fausses représentations », qu'on entend souvent chez nous, est aussi considéré comme un anglicisme. On peut généralement remplacer « fausses représentations » par **DÉCLARATIONS MENSONGÈRES, RENSEIGNEMENTS TROMPEURS** ou **FAUSSES ASSERTIONS**. Dans d'autres contextes, on remplacera « fausses représentations » par **ABUS DE CONFIANCE, MANŒUVRES FRAUDULEUSES, FRAUDE** ou **ESCROQUERIE**.

268 — Un athlète professionnel peut-il être échangé à une équipe sportive ?

On échange une chose **CONTRE** une autre ou on échange quelque chose **AVEC** quelqu'un, mais on n'échange pas quelque chose «à» quelqu'un. Dans la langue des sports, lorsque l'échange met en cause deux athlètes professionnels appartenant à deux équipes sportives distinctes, il faut utiliser la préposition **contre**. Par exemple, on dira : on a échangé le joueur X **CONTRE** le joueur Y. Lorsque la transaction ne concerne qu'un seul joueur, c'est le verbe **vendre** qu'il faut utiliser et non «échanger» puisque, dans ce cas, il s'agit d'une acquisition et non d'un échange. Par exemple, on évitera de dire : Ce joueur a été «échangé aux» Canadiens. On dira plutôt : Ce joueur a été **VENDU AUX** Canadiens… Enfin, si on ne veut pas insister sur l'aspect commercial de la chose, on peut utiliser la locution verbale **passer à**. Si on reprend le même exemple, on dira : Ce joueur **EST PASSÉ AUX** Canadiens.

269 — Faut-il être dans une voiture pour fesser dans le dash ?

Dans la langue de l'automobile, on appelle **TABLEAU DE BORD** et non «dash» le panneau où se trouvent les principaux instruments de bord d'un véhicule. Évidemment, l'expression familière «fesser dans le dash» est à éviter. Au lieu de dire qu'un film «fesse dans le dash», par exemple, il est plus élégant et plus correct de dire que ce film est **BRUTAL, INTENSE, VIOLENT**,

PUISSANT ou **AGRESSIF**. On peut également parler d'un film **CHOC** ou d'un film **COUP-DE-POING**.

270 Tous les couturiers sont-ils des designers ?

Le **designer** est une personne qui conçoit des objets à la fois esthétiques et fonctionnels. On voit des designers dans le domaine de la confection de vêtements, mais aussi dans d'autres secteurs comme l'industrie automobile et la fabrication des meubles. Pour nommer une personne qui crée ses propres collections de vêtements en fonction des tendances de la mode, on emploiera plutôt les termes **styliste** et **créateur de mode**. Enfin, le **couturier** est une personne qui conçoit des vêtements de qualité sur demande. Le couturier assemble à la main chacun des vêtements qu'il crée. De nos jours, le couturier n'a pas nécessairement ses propres collections. D'ailleurs, beaucoup de couturiers travaillent pour des stylistes.

271 Peut-on faire du tourisme ailleurs qu'en France ?

Selon certains linguistes, l'origine du terme **tourisme** serait associée aux châteaux de la Loire. Au début du XIXe siècle, les Britanniques ont été les premiers à visiter des pays étrangers pour le simple plaisir de la chose. Les premiers voyages ainsi organisés avaient pour destination la ville de Tours, d'où le mot anglais *tourism*. Avec le temps, on a fini par appliquer ce terme à tous les voyages d'agrément, peu importe la destination.

Selon d'autres spécialistes, **tourisme** viendrait du terme **Grand Tour**. Le Grand Tour était une expédition dans les pays d'Orient. En fait, ces deux explications sont contestées. Il est vrai que **tourisme** vient du français, en passant par l'anglais. Toutefois, le mot français d'origine n'est vraisemblablement pas le nom de la ville de Tours ni le Grand Tour, mais plutôt le nom commun **tour**, qui désignait autrefois un voyage de courte durée.

272 — Techniquement, peut-on employer l'adverbe techniquement ?

Techniquement est un adverbe bien français, mais son emploi est assez limité. **Techniquement** signifie **d'un point de vue technique** ou **sur le plan technique**. Par exemple, on peut dire : **Techniquement**, ce projet est irréalisable. Autrement dit, ce projet ne peut être réalisé pour des raisons de nature technique.

Sous l'influence de l'anglais, on est parfois tenté d'employer **techniquement** dans le sens de l'adverbe **théoriquement** ou des locutions **en fait, en réalité, en quelque sorte, d'une certaine manière, en théorie** ou **en principe**. Bien qu'elle soit de plus en plus courante, cette utilisation de l'adverbe **techniquement** est critiquée. En français correct, on ne dira pas, par exemple : «Techniquement», la baleine n'est pas un poisson. On dira plutôt : **EN FAIT**, la baleine n'est pas un poisson. De même, on évitera de dire : «Techniquement», vous avez raison. On dira plutôt : **D'UNE CERTAINE MANIÈRE, THÉORIQUEMENT** ou **EN PRINCIPE**, vous avez raison.

273   Doit-on dire : c'est eux ou ce sont eux ?

La locution **c'est** doit normalement prendre la forme plurielle **ce sont** devant un substantif pluriel. Par exemple, on doit dire **CE SONT** des voitures et non « c'est » des voitures. L'utilisation de **c'est** devant des mots pluriels est considérée comme familière. En revanche, devant l'indication d'une quantité, il faut toujours utiliser **c'est**. On dira, par exemple : **C'EST TROIS DOLLARS LE KILO** et non « ce sont trois dollars le kilo ».

Lorsque la locution **c'est** est placée devant un pronom personnel pluriel, la règle diffère légèrement. Bien sûr, il faut dire **C'EST NOUS** et **C'EST VOUS**, et non « ce sont nous » et « ce sont vous ». Dans le cas des pronoms personnels **elles** et **eux**, par contre, l'usage est flottant. Par exemple, il est correct de dire : **C'EST EUX** (ou **C'EST ELLES**) qui prendront la relève ou encore **CE SONT EUX** (ou **CE SONT ELLES**) qui prendront la relève.

274   Avez-vous déjà été acculé au pied du mur ?

On peut **mettre quelqu'un au pied du mur**, mais on **accule quelqu'un contre un mur** (ou **à un mur**). Ces locutions sont bien françaises et elles sont parfaitement synonymes. Cependant, il s'agit de formules consacrées et il faut toujours éviter de modifier ou de combiner les formules consacrées. Donc, au lieu de dire qu'on a été « acculé au pied du mur » ou pire encore « qu'on a été accumulé au pied du mur », on dira plutôt qu'on **A ÉTÉ ACCULÉS AU MUR** ou **CONTRE LE MUR**, ou qu'on **A ÉTÉ MIS AU PIED DU MUR.**

275 | Un tour d'applaudissements est-il plus prestigieux qu'une simple main d'applaudissements ?

Ces deux tournures courantes dans le monde du spectacle sont fautives. En effet, « main d'applaudissements » et « tour d'applaudissements » sont des calques des locutions anglaises *hand of applause* et *round of applause*. En français, le mot **applaudissement** suffit dans tous les contextes. Quand les applaudissements sont particulièrement enthousiastes ou bruyants, on peut parler d'un **tonnerre d'applaudissements**, d'une **salve d'applaudissements** ou même d'une **tempête d'applaudissements** !

Maintenant, si on veut demander aux membres d'une assemblée quelconque d'applaudir une personne pour la remercier ou la féliciter, au lieu de dire « une bonne main d'applaudissement pour M. Untel », il suffit de dire : **APPLAUDISSONS CHALEUREUSEMENT** M. Untel ou **ON APPLAUDIT BIEN FORT** M. Untel.

276 | Une personne peut-elle être compensée pour une perte ?

Le verbe **compenser** et le substantif **compensation** sont tout à fait français. Une **compensation**, c'est une somme d'argent, un avantage ou un privilège attribué à quelqu'un en réparation d'un dommage ou d'un préjudice. Il faut toutefois noter que le verbe **compenser** n'a pas exactement le même sens que son cousin anglais *to compensate*. En français, on peut compenser un préjudice, c'est-à-dire qu'on peut offrir une compensation financière (ou autre) en réparation de ce préjudice. Par contre, on ne peut pas «compenser une personne» pour une perte. En ce sens, «compenser» est un anglicisme. Par exemple, au lieu de dire que le gouvernement a «compensé» les victimes d'une inondation pour les pertes qu'elles ont subies, il est plus correct de dire que le gouvernement a **DÉDOMMAGÉ** ou **INDEMNISÉ** ces personnes pour leurs pertes.

277 — Avez-vous un mari, un conjoint ou un époux ?

En français moderne, on réserve généralement les mots **conjoint**, **conjointe**, **époux** et **épouse** à la langue administrative. Dans la langue de tous les jours, on devrait privilégier les termes **MARI** et **FEMME**. Il est important de noter que les mots **mari** et **femme** sont aussi polis et aussi respectueux que leurs équivalents administratifs. D'ailleurs, dans les autres pays francophones, on considère les termes **époux** et **épouse** comme vieillis.

Mais que dire des conjoints de fait? Le terme **conjoint de fait** appartient lui aussi à la langue administrative. En France, on utilise assez fréquemment le mot **concubin**. Il faut préciser que **concubin** et **concubinage** ont perdu leur connotation péjorative. Toutefois, ces mots ne sont pas très populaires chez nous. Pour parler d'une personne avec laquelle on vit maritalement, les mots **compagnon** et **partenaire** sont tout à fait corrects.

278 — Un juge peut-il nous exonérer de tout blâme ?

Le verbe **exonérer** existe en français. Ce terme appartient à la langue juridique. **Exonérer** quelqu'un, c'est libérer cette personne de charges ou d'obligations quelconques. Ces obligations sont généralement financières. Par exemple, on peut dire, en parlant de personnes qui sont dispensées de payer des impôts, que ces personnes sont exonérées d'impôts. On peut également dire qu'une marchandise est exonérée, c'est-à-dire qu'elle est dispensée du droit de douane.

Par contre, on ne peut pas « exonérer » une personne d'un blâme. En effet, l'expression « exonérer quelqu'un de tout blâme » est un calque de l'anglais. Au lieu de dire que le juge a « exonéré l'accusé de tout blâme », on dira plutôt que le juge a **INNOCENTÉ, DISCULPÉ** ou **ACQUITTÉ L'ACCUSÉ**. On peut également dire que le juge a **DÉCLARÉ L'ACCUSÉ NON COUPABLE**.

279 — Êtes-vous une personne notable ou notoire ?

Une personne **notable** est une personne qui occupe une situation sociale importante. Une chose **notable** est une chose qui vaut la peine d'être notée, une chose qui a une certaine importance. Par exemple, on peut dire qu'il y a des différences notables entre un vin de France et un vin de Californie.

En revanche, une chose, une situation ou une personne sont dites **notoires** lorsqu'elles sont connues d'une manière certaine par un grand nombre de personnes. **Notoire** est synonyme de **reconnu** et de **manifeste**. Par exemple, un criminel notoire est un criminel dont l'ensemble de la population connaît l'identité et un ivrogne notoire est une personne dont le penchant pour l'alcool est connu de tout le monde. L'adjectif **notoire** a souvent une connotation péjorative, mais ce n'est pas toujours le cas. Par exemple, un fait notoire est un fait connu et évident.

280 La planche à neige est-elle plus française que le surf des neiges ?

Ces deux termes sont tout à fait français, mais ils désignent deux activités récréatives différentes. Le sport consistant à glisser sur une pente enneigée avec une planche de surf spéciale s'appelle **SURF DES NEIGES**. La planche qu'on utilise pour la pratique de ce sport s'appelle aussi **surf des neiges**. On peut également dire **planche de surf des neiges**. Et, bien sûr, la personne qui pratique ce sport professionnellement ou en amateur s'appelle **surfeur des neiges**. L'anglicisme «snowboard» est courant en Europe, mais heureusement inusité chez nous.

La **planche à neige** est un sport assez peu répandu consistant à se déplacer sur une sorte de planche à voile montée sur des patins ou sur des skis. Évidemment, la planche qu'on utilise pour cette activité porte également le nom de **planche à neige**. On appelle **néviplanchiste** la personne qui pratique la planche à neige, comme on appelle **véliplanchiste** l'amateur de planche à voile.

281	Écoutez-vous l'émission XYZ, du lundi au vendredi, 23 h 30 ?

Dans un horaire, dans un texte écrit de style télégraphique ou dans une notice de nature publicitaire, on peut généralement faire suivre un nom de jour immédiatement de l'indication d'une heure. Dans un dépliant publicitaire, par exemple, il est tout à fait acceptable d'écrire : Ne manquez pas l'émission *XYZ*, **du lundi au vendredi, 23 h 30**. Cette pratique est courante dans la langue publicitaire, mais comme on sait, on ne parle pas toujours comme dans les messages publicitaires !

Dans la langue parlée de bonne tenue et dans la plupart des textes écrits qui ne sont pas des horaires ni des textes de nature publicitaire, il faut toujours mettre la préposition **à** entre le nom du jour et l'indication de l'heure. On dira donc : Ne manquez pas l'émission *XYZ*, **DU LUNDI AU VENDREDI, À 23 h 30**.

282 — Fait-on la lutte au tabac comme on fait la lutte au terrorisme ?

On ne peut pas faire la « lutte au tabac » ni la « lutte au terrorisme ». En effet, l'expression populaire « faire la lutte à quelque chose » n'est pas vraiment idiomatique. En français correct, on **LIVRE** ou on **MÈNE** une lutte ou un combat **CONTRE** ou **POUR** quelque chose. Il faut admettre que cette erreur est compréhensible, puisqu'il est tout à fait correct de dire qu'on **fait la guerre à quelque chose**.

Au lieu de dire qu'on « fait la lutte au tabac », par exemple, on dira qu'on **fait la guerre au tabac** ou qu'on **mène une lutte, un combat** ou **une guerre antitabac**. Et au lieu de dire qu'on « fait la lutte au terrorisme », on dira qu'on **fait la guerre au terrorisme**, qu'on **livre une lutte** ou **un combat contre le terrorisme** ou encore qu'on **mène une lutte, un combat** ou **une guerre antiterroriste**.

283 — Le stool est-il un porte-panier ou un panier percé ?

L'anglicisme « stool » est la forme abrégée du terme anglais *stool pidgeon*. Ce mot, qui appartient à la langue de la police, se traduit par **délateur** ou **mouchard**.

Porte-panier et **panier percé** sont deux termes pittoresques qu'on utilise dans la langue populaire de chez nous pour désigner une personne manquant de discrétion. Ces régionalismes sont acceptables dans les conversations familières. En français moderne, on appelle **rapporteur** une personne qui révèle des renseignements qu'elle devrait garder pour elle. Le **rapporteur**, c'est ce que les enfants de nos écoles primaires appellent un porte-panier ou un panier percé. Il faut cependant noter que, dans les autres pays francophones, un **panier percé** est une personne très dépensière. En fait, même une personne d'une grande discrétion peut être un **panier percé**!

284 Faut-il être distingué pour être snob ?

Il ne faut pas appartenir à l'élite pour être snob! Par définition, un **snob** est une personne de classe moyenne qui fait tout ce qu'elle peut pour donner l'impression qu'elle appartient à la haute société. Le snob est prétentieux, mais il n'est certainement pas distingué. D'ailleurs, à l'origine, les **snobs** étaient des personnes qui avaient des goûts prétentieux et vulgaires.

Contrairement à la croyance populaire, le mot **snob** n'est pas l'abréviation de **sans noblesse** (s. nob.). À l'origine, *snob* était un vieux mot anglais qui signifiait **cordonnier** ou **savetier**. Au XIXe siècle, dans la ville universitaire de Cambridge, en Angleterre, on traitait de **snobs** les personnes qui n'allaient pas à l'université. Quand une personne est distinguée, mais prétentieuse, on dira d'elle qu'elle est **HAUTAINE**, **ARROGANTE** ou **MÉPRISANTE** et non qu'elle est « snob ».

285 Combien faut-il d'euros pour qu'euro prenne la marque du pluriel ?

Sur les nouveaux billets de banque de l'Union européenne, le mot **euro** est toujours au singulier. Par exemple, sur un billet de 50 euros, le mot **euro** ne prend pas l's du pluriel. Pourtant, tous les dictionnaires français s'entendent pour dire qu'**euro** est un nom masculin qui prend la marque du pluriel.

En fait, le mot **euro** est invariable sur les billets de banque parce que les divers pays membres de l'Union européenne ont des langues nationales différentes. Et, bien sûr, toutes ces langues n'ont pas recours à l'ajout d'un s pour marquer le pluriel. Au pluriel, les Italiens disent *euri*, les Danois, les Norvégiens et les Suédois disent *euroer*, et les Anglais disent *euroes*. Peu importe la langue qu'on parle, **euro** doit prendre la marque du pluriel, au besoin, dans un texte ou sur un chèque. Il n'y a que sur les billets de banque qu'**euro** demeure invariable.

286 Poignez-vous pourquoi les hommes poignés ne poignent pas ?

Il est incorrect d'employer le régionalisme « poigner » dans le sens du verbe **COMPRENDRE**. En outre, l'utilisation de « poigner » au lieu des verbes **SAISIR, PRENDRE, ATTRAPER, CAPTER** ou **EMPOIGNER** devrait être réservée à la langue familière. Et plutôt que de dire qu'une personne est « poignée », il est plus juste de dire que cette personne est **COINCÉE, COMPLEXÉE** ou **TROP TIMIDE**. Enfin, un homme qui ne « poigne » pas avec les femmes est un homme qui **N'A PAS DE SUCCÈS AVEC LES FEMMES** ou un homme qui **N'EST PAS POPULAIRE AUPRÈS DES FEMMES**.

Donc, on évitera de dire : « Poignez-vous pourquoi les hommes poignés ne poignent pas ? » On dira plutôt : **COMPRENEZ-VOUS POURQUOI LES HOMMES**

TROP TIMIDES N'ONT PAS DE SUCCÈS AVEC LES FEMMES?

20 solutions de rechange pour remplacer « poigner »

« Poigne pas les nerfs! »	**DU CALME! NE PANIQUE PAS!** ou **NE T'EMPORTE PAS!**
Je l'ai « poigné » en train de tricher.	Je l'ai **SURPRIS** en train de tricher.
Il l'a « poigné » par la manche.	Il l'a **ATTRAPÉ, SAISI** ou **AGRIPPÉ** par la manche.
Elle a « poigné son air ».	Elle est **RESTÉE BOUCHE BÉE**.
« Ça poigne pas! »	**JE NE TE CROIS PAS!**
C'est elle qui est « poignée » avec les enfants.	C'est elle qui **SE RETROUVE** avec les enfants.
Attends que je te « poigne »!	Attends que je t'**ATTRAPE** ou que je t'**AGRIPPE**!
Avez-vous « poigné » beaucoup de poissons?	Avez-vous **PÊCHÉ** ou **ATTRAPÉ** beaucoup de poissons?
J'ai « poigné » un de ces rhumes!	J'ai **ATTRAPÉ** un de ces rhumes!
La police a « poigné » le criminel.	La police a **CAPTURÉ, ATTRAPÉ, PRIS, APPRÉHENDÉ** ou **ARRÊTÉ** le criminel.
« J'ai poigné une contravention. »	**J'AI EU UNE CONTRAVENTION** ou **ON M'A COLLÉ UNE CONTRAVENTION** (familier).
La chicane a « poigné ».	La chicane a **ÉCLATÉ**.
La voiture a « poigné en feu ».	La voiture a **PRIS FEU**.

Son talon s'est «poigné» dans la fissure du trottoir.	Son talon s'est **PRIS** ou s'est **COINCÉ** dans la fissure du trottoir.
Le joueur a «poigné» le ballon.	Le joueur a **ATTRAPÉ** ou **INTERCEPTÉ** le ballon.
Ça nous «poigne» aux tripes.	Ça nous **PREND** ou nous **SAISIT** aux tripes.
Les fils sont «tous poignés ensemble».	Les fils sont **EMMÊLÉS**.
Mes voisines «se poignent» tous les soirs.	Mes voisines **SE PRENNENT AUX CHEVEUX** ou **SE CRÊPENT LE CHIGNON** tous les soirs.
«Poignes»-tu la Première Chaîne?	**CAPTES**-tu la Première Chaîne?
Son émission «poigne au boutte».	Son émission **CONNAÎT BEAUCOUP DE SUCCÈS** ou **UN SUCCÈS PHÉNOMÉNAL**.

287 Prendriez-vous un bon refill de café?

Le verbe anglais *to refill* signifie littéralement **remplir à nouveau**. En anglais, on utilise également *refill* comme substantif pour désigner une variété de contenants qu'on peut remplacer ou remplir une fois qu'ils sont vides. En français, dans presque tous les cas, on peut remplacer *refill* par **RECHARGE** ou **CARTOUCHE DE RECHANGE**. Par exemple, la cartouche de parfum qu'on met dans un atomiseur pour remplacer la cartouche d'origine est une **recharge** ou une **cartouche de rechange**. Il n'y a pas si longtemps, les stylos-billes n'étaient pas jetables et on pouvait en remplacer la **recharge** ou la **cartouche**.

En anglais, le mot *refill* sert également à désigner le produit de remplacement lui-même. Dans un restaurant, au lieu de demander au serveur un « refill de café », il est plus correct de lui demander **d'autre café** ou **une autre tasse de café**.

288 Qu'y a-t-il au juste entre chien et loup ?

L'expression « entre chien et loup » désigne le moment de la journée où tombe l'obscurité. Autrefois, les loups affamés qui venaient rôder aux abords des villages représentaient un danger pour les paysans. Par contre, les chiens domestiques, qui erraient aussi dans les rues, étaient généralement inoffensifs. À cette époque, on disait qu'il était risqué de sortir **entre chien et loup**. En effet, quand le soleil se couchait et qu'il devenait plus difficile de voir, un voyageur pouvait confondre un bon chien et un méchant loup, d'où l'expression.

Chez nous, on utilise aussi le très joli mot **BRUNANTE** pour désigner le moment de la journée décrit par l'expression **entre chien et loup**. La brunante est la période du jour qui correspond aux quelques minutes avant le crépuscule, alors que les derniers rayons du soleil donnent aux objets une teinte brunâtre.

289 — Connaissez-vous le café irrégulier ?

Il n'y a pas plus de « café régulier » que de « café irrégulier » ! En fait, il est incorrect de parler de « café régulier », d'« essence régulière » ou d'« emploi régulier ». En effet, ces trois utilisations de l'adjectif **régulier** sont fautives. Dans ces trois exemples, « régulier » est un calque de l'anglais. En français, selon le contexte, **régulier** est synonyme des adjectifs **uniforme, conforme, habituel** ou **symétrique**. Et, comme on sait, un café dit « régulier » n'est pas uniforme, conforme, habituel ni symétrique !

Le café très allongé qu'on boit partout en Amérique du Nord n'est pas un « café régulier », mais plutôt un **CAFÉ ORDINAIRE**. Maintenant, pour désigner une essence à indice d'octane normal, on doit utiliser le terme **ESSENCE ORDINAIRE**. Enfin, un emploi stable dont la durée n'est pas déterminée est un **EMPLOI PERMANENT**.

290 — Peut-on mettre une personne sur une tablette ?

Dans la langue administrative de chez nous, il est tout à fait possible de mettre une personne sur une tablette ! En fait, les termes et expressions **tablette, tabletter, être sur la tablette** et **mettre sur la tablette** sont des régionalismes acceptables. Il faut toutefois limiter leur usage à la langue familière et au jargon administratif.

Un **tabletté** ou une **tablette**, c'est un employé (généralement de niveau supérieur) qu'on a écarté de ses fonctions normales, sans lui faire subir de perte salariale. En France, on utilise respectivement **touche**, **être sur la touche** et **mettre sur la touche** comme équivalents des termes et expressions **tablette**, **être sur la tablette** et **mettre sur la tablette**. On entend parfois l'expression **mettre au placard**. Enfin, lorsque le contexte est suffisamment clair, on peut dire qu'un employé est **mis à l'écart**.

291 Utilisez-vous une pompe ou un aérosol ?

Le petit dispositif portatif dont les personnes asthmatiques se servent pour s'administrer un bronchodilatateur est un **AÉROSOL** ou un **INHALATEUR DE POCHE** et non une «pompe». En effet, la plupart des aérosols qu'on utilise pour soulager les crises d'asthme projettent un médicament contenu dans une petite bonbonne sous pression.

Certains inhalateurs fonctionnent sans gaz propulseur. Ces inhalateurs contiennent un médicament plus ou moins volatile, que la personne va chercher en aspirant. Il existe également des **aérosols-doseurs**. Ces dispositifs, qu'on appelle aussi **inhalateurs-doseurs**, permettent d'administrer une dose précise de médicament. Pour qu'on puisse parler d'une **pompe**, il faut que le dispositif soit muni d'un atomiseur naturel qui pompe le médicament dans un réservoir. Ce n'est pas le cas de la plupart des inhalateurs.

292 — Connaissez-vous les majors?

En français, le substantif **major** désigne un officier supérieur dans l'armée. Ce mot est rarement utilisé en dehors des textes de nature militaire. En français, on ne devrait pas utiliser le mot pluriel anglais *majors* pour désigner les entreprises qui sont les plus importantes dans leur domaine d'activité. Les équivalents français sont nombreux. Par exemple, on appelle **GÉANTS DE L'AUTOMOBILE** les trois grands producteurs américains d'automobiles. Les grandes sociétés qui produisent du pétrole sont des **PÉTROLIÈRES** (ou des **SOCIÉTÉS PÉTROLIÈRES**).

Dans le domaine de la production de disques, l'équivalent du terme anglais *majors* est **GRANDES COMPAGNIES DE DISQUES**. Pour désigner les plus importants producteurs de films, on utilise les termes **GRANDS PRODUCTEURS** ou **GRANDS STUDIOS**. Enfin, dans la langue des sports, *majors* se traduit par **LIGUES MAJEURES**.

293 — Faut-il être musicien pour faire face à la musique?

Disons d'abord que la locution **faire face à** est tout à fait correcte. Au sens propre, on l'emploie pour exprimer le fait, pour un immeuble, d'avoir sa façade tournée vers un certain côté. Par exemple, on peut dire : L'hôpital fait face à l'église. Au figuré, **faire face à** signifie **réagir efficacement en présence d'une difficulté quelconque**. En ce sens, **faire face à** est à peu près synonyme du verbe **affronter**. Par exemple, on peut dire qu'on fait face à une responsabilité ou à une dépense. Par contre, l'expression populaire « faire face à la musique » est un calque de l'anglais. En français, pour exprimer le fait d'affronter froidement, rationnellement ou courageusement une situation difficile, on utilisera plutôt la locution **BRAVER LA TEMPÊTE**. **Braver l'orage** est un synonyme un peu moins courant. Dans certains contextes, on peut également employer l'expression **prendre le taureau par les cornes**.

294 — Bach a-t-il déjà composé une fugue en D mineur ?

Les lettres de l'alphabet peuvent être minuscules ou majuscules. Cependant, il n'y a que dans la langue musicale des pays anglophones que les lettres sont mineures ou majeures ! En effet, dans la plupart des pays dont la langue est l'anglais, on utilise les sept premières lettres de l'alphabet pour désigner les différents degrés de la gamme et les tons en musique. La lettre **A** équivaut à **la**, **B** à **si**, **C** à **do**, **D** à **ré** et ainsi de suite.

Les appellations **do**, **ré**, **mi**, **fa**, **sol**, **la**, **si** existent également dans ces pays, mais elles désignent des degrés relatifs et non des degrés absolus. Autrement dit, peu importe le ton, on utilisera ces noms de degrés dans le même ordre. Bien sûr, cette convention n'est pas vraiment limpide pour les gens qui n'ont pas reçu leur formation musicale en anglais. Disons simplement qu'en français, au lieu de parler d'une fugue en « D mineur », on parlera plutôt d'une fugue en **RÉ MINEUR**.

295 — Que s'est-il passé au juste en l'an 40 ?

L'origine de l'expression **s'en moquer comme de l'an 40** est contestée. Selon certains, la fin du monde aurait été prévue pour l'an mil quarante. Comme l'événement fatidique ne s'est pas produit, on a associé l'an 40 du deuxième millénaire à des peurs non justifiées dont il faut se moquer. Selon d'autres, l'an 40 serait la déformation du mot arabe *al coran*, le coran. Les croisés n'avaient aucun respect pour le coran et, lorsqu'une chose n'avait aucune valeur à leurs yeux, ils s'en moquaient comme de l'*al coran*. Avec le temps, l'*al coran* serait devenu l'an 40.

L'explication la plus connue et la plus plausible est la suivante : après la Révolution française, les royalistes étaient convaincus que la République ne survivrait pas jusqu'à l'an 40. Lorsqu'une chose n'avait pour eux aucune importance, ils s'en moquaient comme de l'an 40 qui, de toute façon, ne viendrait jamais.

296 — Un véhicule à traction arrière est-il moins sécuritaire en hiver ?

Dans le vocabulaire de l'automobile, le terme **traction arrière** est courant, mais critiqué. D'un point de vue strictement linguistique, ce terme est bien formé. Il est simplement illogique. En effet, on appelle **véhicule à traction** un véhicule conçu de telle sorte que la puissance du moteur est transmise aux roues avant. Il est donc redondant de parler d'un véhicule « à traction avant ». En revanche, un véhicule dont la puissance du moteur est transmise aux roues arrière est un véhicule à **propulsion** et non un «véhicule à traction arrière».

Dans les autres pays francophones, l'adjectif **sécuritaire** est associé à la sécurité publique. Chez nous, on utilise **sécuritaire** pour qualifier ce qui assure la sécurité ou ce qui ne présente aucun danger. Ce terme, qui a longtemps été critiqué par les puristes, est maintenant considéré comme un régionalisme de bon aloi.

297 Les spationautes, les cosmonautes et les taïkonautes sont-ils des astronautes?

Ces professionnels de l'astronautique jouent à peu près le même rôle dans la conquête de l'espace. Disons d'abord qu'**astronaute** est de loin le plus courant de ces quatre termes. Un **astronaute** est une personne qui se déplace dans un véhicule spatial, hors de l'atmosphère terrestre. Les mots **spationaute, cosmonaute** et **taïkonaute** sont synonymes d'**astronaute**. **Spationaute** est un mot que les Français ont proposé au début des années 60 pour désigner un membre de l'équipage d'un engin spatial. Ce terme est pratiquement inusité de nos jours.

Cosmonaute était principalement utilisé pour désigner les astronautes soviétiques. Enfin, le néologisme **taïkonaute** est formé à partir d'un mot chinois qui signifie **espace**. Depuis peu, on utilise ce terme avec un brin d'humour pour parler des nouveaux astronautes chinois.

298 | Existe-t-il un rapport entre les adjectifs luxueux, luxurieux et luxuriant ?

Le mot latin *luxus*, qui a donné les adjectifs **luxueux**, **luxurieux** et **luxuriant**, désignait un excès dans la manière de vivre. Il était à la fois associé à la somptuosité, à la volupté et à la surabondance. L'adjectif **luxueux** qualifie ce qui se distingue par son opulence. On peut parler d'un appartement luxueux ou d'une voiture luxueuse, par exemple.

En revanche, les adjectifs **luxurieux** et **luxuriant** traduisent la connotation excessive du terme latin *luxus*. Ces adjectifs, qui étaient synonymes à l'origine, ont pris des sens différents au fil des siècles. **Luxurieux** qualifie une personne qui s'adonne à la luxure ou une chose qui est inspirée par la luxure. Ce terme moraliste est rarement utilisé dans la langue de tous les jours. Enfin, l'adjectif **luxuriant** qualifie ce qui est extrêmement abondant. On associe généralement cet adjectif à la végétation. Au figuré, **luxuriant** est synonyme d'**exubérant**.

299 | Existe-t-il des trous de personne ?

La féminisation (celle des titres de postes, notamment) est une pratique tout à fait souhaitable. Cependant, certaines expressions figées ne devraient pas être féminisées ni remplacées par des équivalents plus neutres. Par exemple, il serait étrange de parler de l'« exploitation de la personne par la personne » plutôt que de l'**exploitation de l'homme par l'homme**. Aux

États-Unis, les défenseurs de la rectitude politique remplacent systématiquement le mot *man* par le mot *person* dans tous les titres de poste et même dans les expressions populaires. Cette pratique critiquée ne s'est pas encore étendue à la francophonie.

Le terme **trou d'homme** désigne une ouverture destinée à faciliter les visites ou les réparations dans une canalisation ou dans un égout. Si on préfère dissocier le mot **homme** de ce concept, on peut toujours utiliser les synonymes **trou d'accès, trou de visite, regard d'accès** ou **regard de visite**.

300 Un employé peut-il obtenir une promotion à cause de son bon travail ?

Il faut retenir que la locution **à cause de** n'est utilisée que pour introduire des réalités dont les conséquences sont négatives. Par exemple, on peut dire : À cause de ses problèmes d'alcool, il a perdu son emploi. Évidemment, le fait d'avoir une promotion est quelque chose de positif, donc on ne peut pas utiliser la locution **à cause de**. Il est plus logique de dire : Il a eu une promotion **GRÂCE À** son bon travail. On peut également contourner le problème et dire : **SON BON TRAVAIL LUI A VALU UNE PROMOTION**.

301 Peut-on démotionner un employé ?

Le contraire de **promotion** n'est pas « démotion ». « Démotion » est un calque de l'anglais. Pour désigner la mesure disciplinaire par laquelle une personne doit reculer dans la hiérarchie, il faut utiliser le terme **RÉTROGRADATION**. Contrairement à l'anglicisme «démotion», ce mot a l'avantage d'avoir un verbe dérivé, en l'occurrence **rétrograder**.

302 | La littératie est-elle une forme d'alphabétisation ?

La **littératie** est l'ensemble des connaissances en lecture et en écriture permettant à une personne d'être fonctionnelle dans la société. Ce mot ne figure pas encore dans tous les dictionnaires. En revanche, le mot **alphabétisation** est assez courant. L'**alphabétisation**, c'est l'enseignement de l'écriture et de la lecture aux personnes considérées comme analphabètes. Quand le niveau de littératie est bas dans une population donnée, on doit se tourner vers l'alphabétisation.

Une personne **analphabète** est une personne qui n'a pas appris à lire et à écrire ou une personne dont les connaissances en lecture et en écriture sont insuffisantes. Le substantif **illettré**, qui est à peu près synonyme d'**analphabète**, est de moins en moins utilisé de nos jours. En outre, ce mot comporte une certaine connotation péjorative. Dans son sens premier, **illettré** était synonyme d'**inculte** et d'**ignorant**.

303 | Ce dimanche viendra-t-il avant dimanche prochain ?

Il est correct de dire **ce dimanche**, comme on dit **ce matin** ou **ce soir**, pourvu que l'adjectif démonstratif soit placé devant le nom du jour en cours. Par exemple, on peut dire, au début d'une émission dominicale : **Ce dimanche**, nous parlerons de telle ou telle chose. Par contre, l'utilisation d'un adjectif démonstratif devant le nom d'un jour à venir est calquée sur l'anglais. Pour qualifier un jour de la semaine qui viendra dans moins de sept jours, on utilise l'adjectif **prochain**. Lorsqu'il est associé à un jour de la semaine, **prochain** désigne la première occurrence de ce jour à partir du moment où on parle. Par exemple, si nous sommes le lundi 25 décembre, le jour de Noël, et qu'on veut parler du vendredi 29 décembre, on dira **VENDREDI PROCHAIN**, puisqu'il s'agit du premier vendredi après Noël. En revanche, pour désigner le vendredi 5 janvier, on dira plutôt **VENDREDI EN HUIT**.

304 La réingénierie est-elle plus française que le reengineering ?

Ces deux termes sont des anglicismes à éviter. D'ailleurs, il n'est pas vraiment logique de parler de «réingénierie» puisqu'il n'y a pas eu d'ingénierie à l'origine. L'**ingénierie** est un processus complexe d'étude et de conception technique qui n'a rien à voir avec les structures administratives d'une organisation. Il faut plutôt utiliser le terme **reconfiguration des processus** pour désigner une démarche de remise en question et de redéfinition en profondeur des processus d'une organisation. En contexte, le mot **reconfiguration** peut suffire. La reconfiguration vise à restructurer l'organisation pour la rendre plus efficace tout en réduisant les coûts.

Les mots **restructuration** et **réorganisation** ne sont pas tout à fait synonymes de **reconfiguration**. En fait, la restructuration et la réorganisation sont des conséquences de la reconfiguration.

305 — Les personnes qui ont fait des études graduées sont-elles elles-mêmes graduées ?

Dans le vocabulaire universitaire, les cycles d'études et de recherche suivant le baccalauréat s'appellent **cycles supérieurs**. On peut également parler d'**études de deuxième** ou **de troisième cycle**. La locution populaire « études graduées » est considérée comme un anglicisme.

Et, bien sûr, on appelle simplement **DIPLÔMÉ** une personne qui a obtenu un diplôme. Le substantif « gradué » est vieilli en ce sens. C'est probablement sous l'influence de l'anglais que certaines personnes l'utilisent encore. En français moderne, **gradué** est un adjectif qualifiant ce qui porte une graduation. Par exemple les règles, les éprouvettes et les thermomètres sont généralement gradués. Dans certains contextes, **gradué** peut être synonyme de **progressif**. Par exemple, on peut parler d'un livre d'exercices gradués. Dans un tel ouvrage, les exercices sont classés par ordre croissant de difficulté.

306 — Peut-on chauffer un char ?

On peut faire chauffer le moteur d'une voiture, mais on ne peut pas chauffer la voiture elle-même. Cette acception du verbe **chauffer** est considérée comme archaïque. Lorsqu'on est au volant d'une voiture, on doit dire qu'on **CONDUIT** cette voiture et non qu'on la « chauffe », même si on appelle **chauffeur** une personne qui conduit professionnellement un véhicule. Quand au mot **char**, il s'agit d'un simple régionalisme. Dans un contexte familier, il n'est pas plus fautif de dire **char** que de dire **bagnole**.

À l'époque où les chevaux tiraient les voitures et les chars, la voiture était réservée au transport des personnes et le char servait surtout au transport des marchandises. Avec l'avènement des véhicules automobiles, on a élargi le sens du mot **voiture** pour englober l'auto. Il aurait été logique que **char** devienne synonyme de **camion**, mais l'usage en a voulu autrement...

307 Que trouve-t-on au juste dans une mercerie ?

Chez nous, on utilise souvent le mot « mercerie » pour désigner un magasin de vêtements pour hommes. Il s'agit d'une impropriété à éviter. En français, le terme **mercerie** désigne l'ensemble des petits articles qu'on utilise pour les travaux de couture. Le magasin où on vend ces articles porte également le nom de **mercerie**. Plus rarement, on utilise le mot **mercerie** pour parler du commerce des articles de couture.

Par contre, les établissements où on vend les vêtements pour hommes ne sont pas des « merceries ». Selon le type de magasin, on parlera d'une **BOUTIQUE DE PRÊT-À-PORTER POUR HOMMES** ou d'**UN MAGASIN DE VÊTEMENTS POUR HOMMES**, tout simplement. Enfin, on appelle **chemiserie** un magasin d'habillement masculin où on vend surtout des chemises.

308 — Les chèvres aiment-elles les bouquins ?

Les **bouquins** sont des livres, mais tous les livres ne sont pas des bouquins. Dans son sens premier le mot **bouquin** désigne un vieux livre, généralement sans grande valeur. Beaucoup de livres d'occasion sont des bouquins. D'ailleurs, on appelle **bouquinistes** les gens qui vendent des livres d'occasion. Depuis un certain nombre d'années, **bouquin** est aussi considéré comme un synonyme familier de **livre**. **Bouquin** ne vient pas du mot français **bouc**, mais bien du mot néerlandais *boek* qui signifie **livre**.

309 — Tout ce qui est au sud est-il nécessairement dans le sud ?

Il ne faut pas confondre les locutions **au sud de** et **dans le sud de**. Par exemple, un arrondissement qui est dans le sud de Montréal n'est pas au sud de Montréal. Lorsqu'on parle des arrondissements qui se trouvent dans le sud de Montréal, on veut parler des arrondissements comme Verdun et LaSalle, qui font partie de Montréal et qui se trouvent dans la partie sud de l'île. En revanche, lorsqu'on parle des arrondissements qui sont au sud de Montréal, on veut généralement parler des arrondissements de la ville de Longueuil, qui sont à proximité du Saint-Laurent.

Cette règle vaut également pour les provinces et les régions et, bien sûr, pour tous les autres points cardinaux. Par exemple, Jasper est **dans l'ouest de** l'Alberta et l'Alberta est **à l'ouest de** la Saskatchewan.

De même, les provinces de l'Atlantique sont **dans l'est du** Canada, mais les États-Unis sont **au sud du** Canada.

310 — Rempirer ou rempironner : quel verbe est le moins pire ?

On ne trouve pas le verbe «rempirer» dans les dictionnaires. Quant à «rempironner», il s'agit d'un régionalisme sympathique qu'on utilise généralement avec humour dans la langue familière. Dans la langue un peu plus soutenue, il est toujours préférable d'utiliser les équivalents bien connus **EMPIRER, S'AGGRAVER, SE DÉGRADER, SE DÉTÉRIORER** ou **S'ENVENIMER**. En parlant d'un problème, on peut également employer la locution **PRENDRE DE L'AMPLEUR**. Enfin, rappelons qu'on peut toujours remplacer la locution fautive «moins pire» par **MOINS MAUVAIS** ou **MIEUX**.

311 — Le cocooning est-il toujours volontaire ?

Le terme anglais *cocooning* est très répandu, même en France. Le cocooning, qu'on devrait appeler **coconnage** en français, est le comportement du consommateur qui préfère demeurer chez lui, dans le confort de son foyer. Autrement dit, faire du **coconnage**, c'est rester confortablement à la maison pour se plonger dans la lecture d'un livre ou pour savourer un bon film, seul ou avec d'autres. Le **coconnage** est une «activité» qu'on exerce par choix, pour son bon plaisir.

Par contre, le **renfermement**, qu'on appelle *borrowing* en anglais, est le comportement du consommateur qui ne sort jamais de chez lui, par crainte de son environnement extérieur. La personne qui s'adonne au renfermement n'a absolument aucune activité à l'extérieur de son domicile et, en général, elle se sent prisonnière de sa propre maison. Le **renfermement** est en quelque sorte un coconnage motivé par la peur.

312 Vaut-il mieux se féliciter ou se congratuler ?

Tout dépend du contexte. Ces deux verbes sont tout à fait corrects, mais ils ont des sens légèrement différents. Lorsqu'on **félicite** quelqu'un, on complimente cette personne pour ses réalisations ou pour la chance qui lui arrive, tout en se réjouissant de son succès ou de son bonheur.

Mais **congratuler** est-il un anglicisme ? Le verbe **congratuler** est bien français. Bien sûr, l'équivalent anglais de **félicter** est *to congratulate*, mais le verbe **congratuler** n'est pas un anglicisme pour autant. **Congratuler** quelqu'un, c'est faire un compliment de félicitation à cette personne. Il est cependant important de noter que les verbes **congratuler** et **féliciter**, qui étaient synonymes à l'origine, n'appartiennent plus au même registre de nos jours. En effet, **congratuler** s'utilise maintenant dans les contextes ironiques ou carrément humoristiques.

313 — Avez-vous plus d'amis que d'amies ?

Il est difficile de répondre à cette question lorsqu'on nous la pose oralement. Dans la langue parlée, beaucoup de gens prononcent **ami-i** et **amie-e** les mots **ami** et **amie,** parce que ces mots sont homophones et qu'il est impossible de les distinguer à l'audition. En outre, on utilise les pronoms possessifs masculins **mon, ton** et **son** devant **ami** et **amie,** ce qui ajoute à la confusion.

Même par souci de clarté, il faut éviter d'utiliser les formules familières « ami de garçon » et « amie de fille ». Ces expressions, qu'on entend fréquemment chez nous, sont des calques des mots anglais *boyfriend* et *girlfriend.* Dans les cas où il est absolument nécessaire de préciser le sexe de l'ami dont on parle, on peut toujours contourner le problème en remplaçant **ami-i** et **amie-e** par les synonymes **COPAIN** et **COPINE.**

314 — Les ascenseurs ont-ils des cages ou des cabines ?

En fait, les ascenseurs ont des cages et des cabines. Toutefois, lorsqu'on monte dans un ascenseur, c'est dans la **cabine** qu'on monte et non dans la cage. En effet, la **cabine** est l'habitacle où sont les boutons sur lesquels on appuie pour choisir l'étage où on désire se rendre. Dans la langue courante, le mot **ascenseur** peut également désigner la cabine elle-même. La **cage,** en revanche, est le passage vertical dans lequel la cabine de l'ascenseur se déplace. On dit également **puits d'ascenseur.**

Mais les escaliers ont-ils eux aussi des cages ? Comme les ascenseurs, les escaliers situés à l'intérieur des immeubles ont des cages (ou des puits). La **cage** d'un escalier est le corridor vertical que parcourent les escaliers d'un immeuble.

315 — Vaut-il mieux vivre dans un coqueron ou dans une cambuse ?

Contrairement à ce qu'on serait porté à croire, ces deux mots de la langue populaire de chez nous figurent dans tous les dictionnaires français. Le mot **coqueron** vient de l'anglais *cook-room*. À l'origine, le **coqueron** était une petite pièce au fond de la coque d'un navire où le cuisinier conservait ses provisions. Chez nous, le mot **coqueron** désigne également une très petite pièce ou une maison minuscule.

Cambuse nous vient également de la langue de la marine. Dans les navires, la **cambuse** est un magasin qui sert à l'entreposage des vivres. Dans la langue familière, la cambuse est aussi un logis pauvre et mal entretenu. **Cambuse** vient de *kabuis*, un vieux mot néerlandais qui désignait la cuisine de certains navires. Ce mot a donné *caboose* en anglais. Dans la langue des chemins de fer, le terme *caboose* se traduit par **wagon de queue**.

316 — Qu'arrive-t-il lorsqu'on laisse une can de liqueur sur un rond de poêle ?

Le résultat ? Trois fautes de français ! Les boîtes métalliques contenant une boisson quelconque sont des **CANETTES** et non des « cans ». Évidemment, «can» est un anglicisme à éviter. On appelle **boîtes à jus** les petites boîtes carrées contenant des jus de fruits. En revanche, le terme **boîte à bière**, qui est synonyme de **canette de bière**, ne s'est pas implanté chez nous. Rappelons que les boissons non alcoolisées qui contiennent du gaz carbonique sont des **BOISSONS GAZEUSES** et non des «liqueurs». Dans la langue de l'alimentation, la **liqueur** est une boisson alcoolisée, sucrée et aromatisée. Enfin, on appelle **ÉLÉMENT CHAUFFANT** et non «rond de poêle», les tiges spiralées qu'on voit sur la surface de cuisson des cuisinières électriques.

317 Peut-on vraiment initier quelque chose ?

On peut initier quelqu'un à une société secrète, on peut initier quelqu'un à la pratique d'une religion et on peut initier quelqu'un aux connaissances fondamentales dans un domaine. En revanche, on ne peut pas «initier» une chose. Employé en ce sens, «initier» est un calque de l'anglais. Selon le contexte, on peut remplacer cet anglicisme par les verbes **LANCER, AMORCER, INAUGURER, ÉBAUCHER, INSTAURER, CRÉER, ENTAMER, ORGANISER** ou **ENTREPRENDRE**.

Dans d'autres contextes, on peut remplacer «initier» par **DÉCLENCHER, PROVOQUER** ou **METTRE SUR PIED**. Par exemple, on **déclenche** ou on **provoque** une bataille. Et au lieu de dire qu'on «initie» un projet, il est plus juste de dire qu'on **MET** un projet **SUR PIED**.

318 — Peut-on caler une bière ?

Caler a cinq sens en français : faire descendre (un mât ou une voile) ; s'enfoncer dans l'eau (en parlant d'un navire) ; céder ou reculer (devant un adversaire) ; s'immobiliser (en parlant d'un véhicule) ; et être bloqué (en parlant d'un moteur). Dans la langue familière de chez nous, on utilise parfois le verbe **caler** pour exprimer le fait de boire rapidement de grandes quantités de liquide. De même, le terme **calage d'alcool**, qui désigne un concours de consommation d'alcool, est maintenant considéré comme un régionalisme acceptable. Dans les pays francophones d'Europe, cependant, on utilise le verbe **siffler** pour exprimer le fait de boire d'un trait une boisson quelconque et le mot **beuverie** pour désigner les parties de plaisir où des jeunes boivent de grandes quantités d'alcool.

319 — Faut-il un flambeau pour faire une vigile ?

Le mot **vigile** appartient à la langue liturgique. La vigile est la veille d'une fête importante. On parlera, par exemple, de la vigile de Noël ou de la vigile pascale. Au sens de **veillée**, « vigile » est considéré comme un anglicisme. On appelle donc **VEILLÉE AU FLAMBEAU** ou **VEILLÉE À LA BOUGIE** le fait de se réunir le soir, bougie à la main, pour rendre hommage à une personne décédée ou pour apporter un soutien symbolique à une personne malade ou en difficulté.

320 — Le maquereau est-il plus vicieux que les autres poissons ?

En français moderne, **maquereau** est synonyme de **souteneur** et d'**entremetteur**. Ce mot, qui appartient à la langue très familière, est toujours considéré comme péjoratif. **Maquereau** a d'abord servi à désigner les hommes qui vivaient de la prostitution des femmes. **Maquereau** vient d'un vieux mot néerlandais qui signifiait **courtier**.

Le **maquereau** est un poisson bien connu, mais quel rapport y a-t-il entre la prostitution et le poisson ? Selon la légende populaire, le poisson qui porte le nom de **maquereau** aurait été nommé ainsi en raison de son comportement pour le moins étrange. En effet, on prétend que le maquereau accompagne les bancs de harengs et qu'il a pour fonction de rapprocher les mâles des femelles. On peut dire que le maquereau est en quelque sorte l'entremetteur du monde animal !

321 — Le péché originel est-il original ?

Les adjectifs **original** et **originel** ont des sens différents. **Original** qualifie ce qui est inédit, ce qui est relatif à la première édition d'un ouvrage ou à la première version d'une œuvre, ou encore ce qui sert de modèle. En revanche, **originel**, qu'on utilise plus rarement dans la langue courante, qualifie ce qui vient de l'origine. Par exemple, le péché **originel** est un péché dont l'être humain est censé avoir hérité à la naissance. De même, le sens **originel** d'un mot est le sens que ce mot avait à l'origine, au moment de sa création.

322 — Les pôles soutiennent-elles les rideaux ou les skieurs ?

La baguette à laquelle on accroche les rideaux et les tentures s'appelle **TRINGLE** et non «pôle». Bien sûr, «pôle» est un anglicisme. Dans la langue du ski, «pôle» est également un emprunt inutile à l'anglais. Pour se soutenir, les skieurs utilisent des **BÂTONS** ou des **CANNES**. La partie ronde au bas du bâton s'appelle **rondelle** et la courroie qui retient la main à la poignée s'appelle **dragonne**. On appelle aussi **dragonne** la courroie qui relie le poignet d'un escrimeur au manche de son épée. Enfin, le cordon au bout d'un parapluie ou d'un appareil photo s'appelle également **dragonne**.

Dragonne n'a rien à voir avec le **dragon**, l'animal mythique. En effet, ces dragons étaient des soldats de cavalerie! Les **dragons** suspendaient leur sabre à leur poignet, au moyen d'une courroie à laquelle ils ont donné leur nom.

323 Doit-on mettre le zéro devant les chiffres inférieurs à 10 dans la notation de l'heure ?

On ne devrait pas mettre de zéro devant le chiffre indiquant les minutes ou les secondes dans la notation de l'heure. Cette règle repose sur une simple question de logique. En effet, les fractions horaires, c'est-à-dire les minutes et les secondes, ne sont pas exprimées en décimales. Autrement dit, les fractions horaires ne sont pas réparties sur une échelle de 100, mais plutôt de 60 unités. Il y a 60 minutes dans une heure et 60 secondes dans une minute et non 100. Donc, lorsqu'on écrit une heure, si le nombre de minutes est inférieur à 10, il n'est pas utile d'ajouter un zéro. Ainsi, **huit heures cinq** s'écrit **8 h 5**. Toutefois, pour des raisons purement techniques, on met un zéro devant les chiffres inférieurs à 10 dans les tableaux électroniques des gares et des aéroports.

324 Peut-on entraîner les professionnels ?

À moins d'aider un professionnel à se mettre en forme dans un établissement de conditionnement physique, on ne dira pas qu'on « entraîne » un professionnel ! Cette acception du verbe **entraîner** appartient surtout au vocabulaire sportif. Les entraîneurs entraînent les athlètes. On peut aussi entraîner des soldats. Dans les autres domaines, on utilise plutôt le verbe **FORMER**. On fait souvent cette erreur sous l'influence de l'anglais. En effet, le verbe anglais *to train* a à la fois le sens d'entraîner et de former.

Dans beaucoup de contextes, le verbe **entraîner** a une certaine connotation péjorative. En effet, **entraîner** peut avoir le sens de **conduire une personne en exerçant sur elle une pression morale**. Par exemple, on peut dire qu'un criminel d'expérience entraîne des jeunes dans le crime.

325 — Peut-on faire des fautes dans la langue de l'assurance ?

En anglais, on utilise le mot *fault* dans la langue de l'assurance automobile pour désigner la **responsabilité** en cas d'accident. En français, on ne parle pas vraiment de «faute» dans ce cas précis, mais plutôt de **responsabilité**. Évidemment, «assurance no-fault» est un anglicisme à éviter. Dans leurs communications, les organismes gouvernementaux spécialisés en assurance automobile utilisent le terme **ASSURANCE SANS ÉGARD À LA RESPONSABILITÉ** pour désigner une assurance automobile qui ne tient pas compte de la responsabilité de l'assuré.

Assurance sans égard à la responsabilité est d'ailleurs courant dans toute la francophonie. Le terme **assurance inconditionnelle**, qu'on voit dans certains textes, manque de précision. En outre, son emploi est très peu répandu.

326 — Qui habite le Niger et le Nigeria ?

Bien que leurs noms se ressemblent, le Niger et le Nigeria sont deux pays africains distincts et, bien sûr, leurs habitants portent des noms différents. Les

Nigériens habitent le **Niger** et les **Nigérians** habitent le **Nigeria**. Comment faire pour retenir cette importante nuance ? C'est tout simple ! Il suffit de se souvenir que le nom **Nigeria** est compris dans **Nigérian**. Notons aussi que les noms **Niger** et **Nigeria** ne comportent pas d'accent. Par contre, on écrit **Nigérien** et **Nigérian**.

Il faut faire attention à la graphie féminine de ces deux noms. La terminaison féminine de **Nigérienne** prend deux n, tandis que celle de **Nigériane** n'en prend qu'un seul. Évidemment, cette règle vaut aussi pour les adjectifs dérivés de ces gentilés. Enfin, rappelons que les gentilés prennent toujours la majuscule, mais pas les adjectifs correspondants.

327 Peut-on faire quelque chose à la vapeur ?

On peut cuire les légumes, nettoyer les carreaux, stériliser des contenants et repasser les vêtements à la vapeur, mais on ne peut pas prendre une décision ni se rendre chez quelqu'un « à la vapeur » ! En effet, la locution **à la vapeur** n'a pas de sens figuré. Autrement dit, quand on fait quelque chose à la vapeur, on fait littéralement quelque chose en ayant recours à la vapeur. Il ne faut pas confondre la locution « à la vapeur » avec l'expression courante **À TOUTE VAPEUR** qui, elle, est synonyme d'**à toute vitesse**.

Si on ne veut pas vraiment mettre l'accent sur la rapidité à laquelle on fait une chose, mais bien sur l'immédiateté de l'action, il faut plutôt employer les adverbes ou locutions **immédiatement**, **aussitôt**, **le plus tôt possible**, **dès que possible** ou **dans les plus brefs délais**.

328 — Connaissez-vous le Youtâ ?

Le nom de l'État de l'Ouest américain connu pour ses centres de ski et son grand lac salé se prononce **U-TÂ** ou **YOU-TÂ**. La prononciation francisée **U-TÂ** est un peu plus courante. Il faut toutefois noter qu'**Utah** commence par une voyelle et que les toponymes commençant par une voyelle ne sont jamais précédés des articles **le**, **la**, **du** et **au**. Donc, au lieu de dire « le Utah », « du Utah » ou « au Utah », il faut plutôt dire **L'UTAH, DE L'UTAH et EN UTAH**.

Mais doit-on parler **de Yamachiche** ou **d'Yamachiche** ? En fait, les deux tournures sont tout à fait correctes. Devant les toponymes commençant par la semi-consonne **Y** suivie d'une voyelle, l'élision de l'article ou de la préposition qui précède est facultative. Par conséquent, on peut parler de la ville **de Yamachiche** ou de la ville **d'Yamachiche**. De même, on peut parler du maire **de Yamaska** ou du maire **d'Yamaska**. Chez nous, l'élision est moins populaire.

329 — Un chœur est-il une chorale et un choral est-il un chœur ?

Un **chœur** est une réunion de chanteurs qui exécutent, généralement en harmonie, un morceau d'ensemble. Le terme **chœur** désigne également une composition musicale destinée à être chantée par plusieurs personnes. Donc, lorsqu'on parle des chœurs de l'opéra, on désigne les choristes ou les airs qu'ils interprètent, selon le contexte. Une **chorale** est une société musicale autonome qui exécute des œuvres vocales et plus particulièrement des chœurs. Le mot **chorale** est de genre féminin. Il s'agit de l'abréviation de **société chorale**.

Enfin, un **choral** n'est pas un groupe de chanteurs. À l'origine, le **choral** était un chant religieux. De nos jours, on utilise le mot **choral** pour désigner une composition musicale pour orgue sur le thème d'un chant religieux. Jean-Sébastien Bach a composé de nombreux **chorals** célèbres.

330 Feriez-vous trois milles à genoux dans la gravelle pour obtenir quelque chose ?

Le mot **gravelle** ne désigne pas les petits cailloux qu'on utilise pour couvrir certaines routes. Ces petites roches s'appellent **gravier**. De nos jours, le mot **gravelle** est rarement utilisé ailleurs que chez nous. En fait, **gravelle** est un terme vieilli de la langue médicale, qui désignait les calculs rénaux.

La sympathique expression « faire trois milles à genoux dans la gravelle » est très pittoresque, mais elle appartient à la langue familière d'ici. En français standard, pour exprimer le fait d'être prêt à tout pour obtenir quelque chose, on utilise plutôt l'expression **faire des bassesses**. Donc, au lieu de dire qu'on est prêt à « faire trois milles à genoux dans la gravelle » pour obtenir une faveur, on dira plutôt qu'on est **PRÊT À TOUT** ou qu'on est **PRÊT À FAIRE DES BASSESSES** pour obtenir cette faveur.

331 — Un objet kitsch est-il rétro ou ringard ?

L'adjectif d'origine allemande **kitsch** sert à qualifier un style caractérisé par l'usage hétéroclite d'éléments démodés considérés comme de mauvais goût par la culture établie. Les objets qu'on qualifie de **kitsch** sont souvent appréciés par les gens branchés, puisqu'ils correspondent à une certaine recherche esthétique. **Kitsch** est également employé comme substantif. Le **kitsch** est un style qui fait en quelque sorte l'apologie de la beauté du laid. L'adjectif **rétro**, en revanche, sert à qualifier un objet qui appartient à la mode d'une époque récente. Un objet rétro n'est pas nécessairement de mauvais goût. En fait, **rétro** ne comporte aucune notion de beauté ni de laideur. En Europe, pour qualifier ce qui est démodé, ridiculement vieillot, de mauvaise qualité ou de mauvais goût, on utilise parfois l'adjectif **ringard**.

332 — Dissous et dissolu sont-ils synonymes ?

Dissous qualifie ce qui est défait physiquement et **dissolu** qualifie ce qui est défait moralement. **Dissous** est associé à la disparition d'une chose. Par exemple, un sel dissous dans l'eau est un sel qui s'est complètement désagrégé dans l'eau. On peut également dire qu'une assemblée est dissoute, c'est-à-dire qu'elle a cessé d'exister. **Dissous** fait **dissoute** au féminin, même si la forme masculine se termine par la lettre **s**.

Dissolu, en revanche, est associé à la débauche et au manque d'organisation. Par exemple, on peut dire d'une personne qu'elle a des mœurs dissolues ou qu'elle mène une vie dissolue. **Dissous** et **dissolu** ont un substantif commun, en l'occurrence **dissolution**. On peut parler de la **dissolution** d'un empire ou d'un mariage, mais on parlera aussi de la **dissolution** des mœurs.

333 — Nos écoliers préfèrent-ils les frites ou les beignes ?

Disons d'entrée de jeu que nous ne parlons pas de nourriture ! Dans la langue des écoliers européens, une **frite** est un coup qu'on donne du revers de la main sur les fesses de la victime. Ce terme n'est pas courant ici, mais la réalité qu'il décrit est bien connue ! La **beigne**, que les écoliers de chez nous appellent « bine », est aussi très populaire dans les cours d'école. La **beigne** est un coup donné sur le bras de la victime avec la première jointure du majeur. On appelle également **beigne** la bosse qui résulte de ce coup.

Enfin, on appelle **croc-en-jambe** ou **croche-pied** le fait d'accrocher au passage la cheville de quelqu'un avec le pied pour le faire tomber. En ce sens, **jambette** est un régionalisme acceptable.

334 — Achète-t-on l'essence dans les garages ou dans les stations-service ?

Un **garage** est un établissement où on s'occupe de la garde, de la réparation et de l'entretien des véhicules. Les concessionnaires d'automobiles ont généralement un garage. Un garage ne vend pas nécessairement d'essence, toutefois. Pour sa part, la **station-service** est un établissement qui comporte un ou plusieurs distributeurs d'essence et qui assure une variété de services d'entretien comme le gonflage et le remplacement des pneus, la vidange d'huile et la mise au point. Certaines stations-service peuvent même offrir un service de dépannage d'urgence.

Enfin, on appelle **poste d'essence** ou **essencerie** l'établissement où on vend essentiellement, c'est le cas de le dire, du carburant pour les véhicules. Les essenceries sont souvent des stations libre-service, mais pas toujours.

335 — Faut-il payer le péage ?

On appelle **autoroutes à péage** et **ponts à péage** les autoroutes et les ponts dont l'accès est soumis au paiement d'un droit de passage. Il faut éviter de parler d'autoroutes « à payage » et de ponts « à payage ». On appelle **paiement** et non « payage » le fait de payer une somme. Quant au terme **péage**, il vient du mot **pied** et il est synonyme de **droit de passage**.

336 — Une voie d'autoroute change-t-elle de nom en fonction du nombre de passagers des voitures ?

Dans les réseaux routiers urbains, on appelle les voies réservées aux véhicules contenant beaucoup de passagers **VOIE RÉSERVÉE AU COVOITURAGE**, **VOIE**

RÉSERVÉE AUX AUTOBUS ou encore VOIE RÉSERVÉE AU TRANSPORT EN COMMUN, selon le cas.

337 La pêche blanche est-elle un sport ou un fruit ?

En fait, tout dépend du contexte ! Parlons d'abord du sport d'hiver. Le terme **pêche blanche** désigne, selon la région, la **pêche d'hiver** ou la **pêche sous la glace**. La pêche d'hiver est une pêche qu'on pratique l'hiver, tout simplement. Pour la pêche d'hiver, il n'est pas nécessaire que les cours d'eau et les lacs soient gelés. En revanche, la **pêche sous la glace** est une activité qui se pratique quand les cours d'eau et les lacs sont recouverts de glace. Il faut remarquer qu'on dit bien **pêche sous la glace** et non « pêche sur la glace ».

Comme on sait, la **pêche** est également un fruit. La pêche jaune est d'un jaune orangé, tandis que la **pêche blanche** est d'un blanc rosé. Quand on dit d'une femme qu'elle a un teint de pêche, on fait allusion à la pêche blanche et non à la pêche jaune !

338 Peut-on dire qu'on prend la 22 quand on prend l'autobus numéro 22 ?

Autobus est un nom masculin. Donc, si on veut désigner l'autobus par son numéro, on dira qu'on prend **LE 22**, par exemple, et non « la 22 ». Disons également que l'abréviation **bus** est familière, mais tout à fait correcte. Bien sûr, **bus** est aussi de genre masculin. On dira donc qu'on prend **LE BUS** et non « la bus ».

On entend certaines personnes dire «une» autobus et «une» avion. Il faut dire que le genre des noms commençant par une voyelle n'est pas toujours évident. Pourquoi dit-on **UN** avion, **UN** autobus et **UN** obélisque, mais **UNE** apostrophe, **UNE** épître et **UNE** octave? Il n'existe malheureusement aucun truc pour retenir le genre des noms. Toutefois, on peut tenir pour acquis que les noms de la plupart des véhicules servant aux transports en commun sont masculins. On dira donc: **UN** avion et **UN** autobus, comme on dit **UN** autocar, **UN** train, **UN** métro et **UN** taxi.

339 | La traîne est-elle vraiment plus sauvage que le traîneau ou la luge?

Le **traîneau** est un véhicule sur patins qu'on utilisait autrefois pour transporter des marchandises ou des voyageurs sur les routes enneigées. En fait, le traîneau sert davantage au transport qu'aux activités sportives ou récréatives. La **traîne**, en revanche, est un petit traîneau fait de planches minces, recourbées à l'avant, sur lequel une personne se dirige grâce à des transferts de poids. Les mots **traîne** et **traîne sauvage** sont considérés comme des régionalismes acceptables.

En France, on utilise le mot **toboggan** comme synonyme de **glissoire** et de **traîne**. Étrangement, ce mot d'origine algonquine n'est pratiquement pas employé chez nous. Enfin, la **luge** est un petit traîneau surbaissé, monté sur deux patins fixes ou orientables, relevés à l'avant. La luge est plus rapide que la traîne ou le traîneau, mais un peu plus dangereuse.

340 Un policier peut-il nous remettre un billet de stationnement ?

C'est peu probable ! Il faut d'abord préciser qu'un billet de stationnement n'a aucune valeur punitive. En effet, un **billet de stationnement** est un billet qu'on tire d'un horodateur au moment d'entrer dans un parc de stationnement payant. On paie ce billet à l'entrée ou à la sortie, selon le cas.

On appelle **contravention** l'amende qu'un policier remet à une personne qui a commis une infraction au code de la route. L'imprudent qui gare sa voiture dans un endroit interdit recevra peut-être une **contravention pour stationnement interdit**, mais certainement pas un « billet de stationnement ». En ce sens, « billet de stationnement » est la traduction littérale de *parking ticket*. En Europe, on appelle familièrement **papillon** le petit billet que le policier place dans le pare-brise de la voiture.

341 Que lave-t-on au juste dans la lessiveuse ?

La **lessiveuse** est une machine qui sert à laver le linge, les draps et les vêtements en les faisant bouillir. Le détersif qu'on utilise dans ce type de machine porte le nom de **lessive**. Il s'agit d'un détersif très concentré, à usage industriel. Dans la langue de tous les jours, le mot **lessive** désigne l'action de laver le linge. On appelle également **lessive** les vêtements à laver ou les vêtements qui viennent d'être lavés.

Il faut retenir que la lessiveuse est rarement employée de nos jours, sauf dans les grands hôtels et dans les hôpitaux. L'appareil électroménager qu'on utilise dans nos maisons pour laver le linge et les vêtements est une **MACHINE À LAVER** ou une **LAVEUSE**. Enfin, l'électroménager qui sert à sécher le linge et les vêtements s'appelle **SÉCHEUSE**. Les mots **lave-linge** et **sèche-linge**, qui sont assez répandus en Europe, sont rarement employés chez nous.

342 — Un athlète peut-il remporter une troisième médaille en autant de jours ?

Pour pouvoir utiliser la locution **en autant de jours**, il faudrait au préalable mentionner un nombre, en l'occurrence **trois**, et non l'adjectif numéral **troisième**. Autrement dit, il est plus juste de dire qu'un athlète a remporté trois médailles en autant de jours. Il faut cependant noter que cette façon de s'exprimer n'est pas vraiment courante. La formule la plus correcte et la plus simple pour décrire cette réalité est la suivante : L'athlète a remporté **TROIS MÉDAILLES EN TROIS JOURS**... Cette tournure présente l'avantage de mettre clairement l'accent sur le nombre.

343 — Le cachou est-il beige ou grège ?

La noix comestible qui a vaguement la forme d'un rein s'appelle **CAJOU, NOIX-CAJOU, NOIX DE CAJOU** ou **NOIX D'ACAJOU** et non « cachou ». Ce « cachou » est une graphie francisée du mot anglais *cashew*. La couleur qu'on appelle **cajou** est d'un blanc crémeux un peu beigeasse. Il existe aussi une couleur d'un brun rougeâtre qu'on appelle **cachou**. Ce **cachou** n'a cependant rien à voir avec la noix d'acajou. En effet, il s'agit plutôt d'une substance végétale qu'on utilisait autrefois pour teindre le coton. Le **cachou** est également une sorte d'amande qu'on utilisait pour parfumer les bonbons (les bonbons français de marque *Cachou*, justement).

Contrairement à ce qu'on pourrait penser, **grège** n'est pas la contraction des mots **gris** et **beige**. Cet adjectif vient de l'italien *greggio*, qui signifie « à l'état naturel ». Comme par hasard, la soie grège est une soie dont la couleur se situe entre le gris et le beige !

344 — Faut-il un canon pour causer une bordée de neige artificielle ?

Disons d'abord que le terme **canon à neige** est tout à fait correct. Il désigne l'appareil qui permet de produire de la neige artificiellement pour couvrir les pistes de ski. Cette neige est créée par la pulvérisation d'un mélange d'eau et d'air qui se cristallise au contact de l'air ambiant. Bien qu'elle soit fabriquée artificiellement, la neige produite par un canon n'est pas artificielle. On appelle **neige fabriquée** les cristaux produits à l'aide des canons. D'ailleurs, cette précipitation est identique en tout point à la neige naturelle.

Mais la neige artificielle existe-t-elle ? Oui, la **neige artificielle** existe ! Cependant, cette neige n'a pas les propriétés de la neige qui tombe du ciel. Les flocons artificiels sont faits de matière synthétique. On peut trouver de la neige artificielle sur les plateaux de télévision ou de cinéma, mais certainement pas sur les pistes de ski !

Enfin, **bordée** est un canadianisme de bon aloi qui désigne la neige tombée en abondance. **Bordée** est un vieux mot qui nous vient de la langue de la marine militaire. On appelait **bordée** la décharge des canons sur le bord d'un navire. Il faut toutefois noter qu'on n'a pas besoin de canons à neige pour avoir une bordée !

345 Les acteurs de chez nous accotent-ils les acteurs européens ?

L'origine du verbe **accoter** est assez obscure. Dans la plupart des dictionnaires, on dit qu'**accoter** serait une déformation du verbe **s'accouder**. D'ailleurs, **s'accoter** est à peu près synonyme de **s'appuyer** ou de **s'accouder**. Comme on sait, la langue de la marine a eu une grande influence sur la langue de chez nous. Il est possible sinon probable que le verbe **accoter** soit une variante phonétique du verbe **accoster**.

Quoi qu'il en soit, au lieu de dire que les acteurs de chez nous « accotent » les acteurs européens, il est plus correct de dire que les acteurs de chez nous **ÉGALENT** ou **VALENT BIEN** les acteurs européens, que les acteurs de chez nous sont **AUSSI BONS (COMPÉTENTS, TALENTUEUX** ou **CHEVRONNÉS**) que les acteurs européens, ou encore que les acteurs de chez nous **N'ONT RIEN À ENVIER** aux acteurs européens.

346 La vanité est-elle dans la chambre à coucher ou dans la salle de bain ?

En français, la **vanité** est le défaut d'une personne qui est très satisfaite d'elle-même et qui fait étalage de cette satisfaction. Bien sûr, on peut être vaniteux dans la chambre à coucher ou dans la salle de bain ! Le petit meuble avec ou sans tiroirs, muni d'un miroir, devant lequel les femmes se maquillent et se coiffent s'appelle **COIFFEUSE** et non « vanité ». Le terme **table de toilette** est également correct, mais un peu moins courant. À l'époque où les bourgeois se coiffaient de perruques poudrées, ce même petit meuble portait le nom de **poudreuse**.

Dans la salle de bain, le meuble qui comprend un lavabo et parfois des portes, des tiroirs et un miroir s'appelle **meuble-lavabo**. Le mot **coiffeuse** est parfois utilisé pour désigner ce meuble. Dans ce contexte, « vanité » est considéré comme un anglicisme.

347 — Peut-on courir après les troubles mécaniques ?

La locution familière **courir après** est correcte. Dans la langue générale, **trouble** est synonyme des mots **confusion, désordre** ou **tumulte**. Au lieu de dire qu'on « court après le trouble », il est plus juste de dire qu'on **COURT APRÈS LES PROBLÈMES** ou **LES ENNUIS**. On peut également remplacer la locution **courir après** et dire, selon la nuance qu'on veut exprimer, qu'on **CHERCHE LES PROBLÈMES** ou **LES ENNUIS**, qu'on **S'EXPOSE À DES PROBLÈMES** ou qu'on **SE COMPLIQUE LA VIE**.

Mais que dire des troubles mécaniques ? En français, le mot **trouble** est plus courant dans la langue de la médecine que dans la langue de la mécanique. Par exemple, on peut parler de troubles digestifs ou de troubles mentaux. Pour désigner les problèmes que nos voitures nous occasionnent parfois, on doit plutôt parler de **PROBLÈMES** ou d'**ENNUIS MÉCANIQUES**.

348 — Les crasses sont-elles plus graves que les crosses ?

Faire une crasse, c'est faire une indélicatesse ou une vacherie. Autrement dit, **faire une crasse à quelqu'un**, c'est lui jouer un sale tour. Dans son sens le plus connu, une **crosse** est un bâton à extrémité recourbée. Par exemple, la crosse de l'évêque est une longue canne dont l'extrémité est recourbée. **Chercher des crosses** à quelqu'un, c'est provoquer quelqu'un pour se quereller avec lui. Dans cette expression, le mot **crosses** viendrait d'un verbe archaïque qui signifiait **se plaindre**.

Enfin, le mot «crosseur», qu'on utilise dans la langue très familière de chez nous, est probablement un anglicisme. On suppose que ce mot peu élégant viendrait du verbe anglais *to double-cross*, qui signifie **tromper, duper** ou **trahir**. On peut avantageusement remplacer «crosseur» par **crapule, magouilleur, tricheur, menteur, traître, charlatan, escroc** ou **arnaqueur**.

349 — Le lac Louise est-il en Alberta ?

En général, on laisse en anglais les toponymes des régions anglophones canadiennes. Dans le cas de **Lake Louise**, quand on parle du lac lui-même, on peut utiliser le toponyme officiel anglais **Lake Louise** ou l'appellation francisée non officielle **lac Louise**. Généralement, on privilégie l'appellation francisée.

Par exemple, il est correct de dire que le **lac Louise** est l'un des lacs les plus magnifiques du Canada. Pour désigner le lieu habité à proximité du lac, on emploiera plutôt le toponyme anglais **Lake Louise**. On peut donc dire que les citoyens de **Lake Louise** ont bien de la chance d'habiter près du **lac Louise**.

Rappelons également qu'il est recommandé de franciser la prononciation des toponymes anglais. Par exemple, **Calgary** et **Sherbrooke** se prononcent respectivement **KAL-GA-RÉ** et **CHÈR-BROUK** et non «kâl-ghe-ri» et «cheur-brouk».

350 Le cocu est-il un oiseau à cornes ?

Le mot **cocu**, qu'on utilise dans la langue familière pour désigner un mari trompé, serait une déformation du mot **coucou**. Le coucou, dit-on, est un oiseau aux mœurs étranges. En plus d'avoir l'impertinence de pondre ses œufs dans les nids des autres oiseaux pour ne pas avoir à les couver elle-même, la femelle du coucou change souvent de partenaire sexuel. C'est pourquoi on compare au coucou l'homme dont la femme a des aventures extraconjugales.

Quant aux fameuses cornes, dont on affuble symboliquement les hommes trompés, la plupart des ouvrages étymologiques s'entendent sur l'anecdote suivante : autrefois, on châtrait certains coqs pour en faire des chapons. Afin de le distinguer du coq intact, on coupait les ergots du pauvre chapon et on les lui plantait dans la crête. Ainsi, le coq privé de ses attributs sexuels avait de petites cornes.

351 — Le terme musher est-il français ?

« Musher » est considéré comme un anglicisme, mais son origine est probablement française. En effet, on croit que le mot anglais *musher* serait une déformation de l'exclamation française **marche**! Il s'agit, en fait, de l'ordre que les francophones du Grand Nord canadien donnaient à leurs chiens de traîneau. Les Canadiens anglais ont par la suite déformé **marche** en *mush*, d'où le mot « musher ».

En français, on appelle **meneur de chiens** et non « musher » la personne qui conduit un traîneau à chiens. En général, le meneur de chiens est à la fois éleveur et entraîneur des chiens qu'il conduit. Le terme **conducteur de chiens de traîneau** est également correct. En contexte de compétition, on rencontre parfois le terme **pilote d'attelage**. Enfin, le mot **marcheur** a déjà été proposé comme équivalent français de « musher », mais l'usage ne l'a pas consacré.

352 — Est-il plus dangereux de manger une volée ou une dégelée ?

Les mots **volée** et **dégelée**, qu'on utilise couramment chez nous, sont également employés dans les autres pays francophones. Ces mots de la langue familière désignent une suite de coups. On peut **mettre**, **donner** ou **flanquer** une volée ou une dégelée à quelqu'un. En revanche, on **reçoit**, on **prend** ou on **subit** une volée ou une dégelée, on ne la « mange » pas! On peut également dire qu'on **prend une raclée**.

Toujours dans la langue familière, il est possible d'utiliser les mots **volée**, **dégelée** et **raclée** au figuré. Par exemple, pour parler d'une personne qui a été battue dans un contexte d'élection ou de compétition, on peut dire de cette personne qu'elle a pris une volée, une dégelée ou une raclée. Dans la langue surveillée, toutefois, on évitera d'avoir recours à ces mots pittoresques. Par exemple, au lieu de dire qu'un politicien ou un athlète a pris une volée, on dira plutôt que cette personne **a subi une cuisante défaite**.

353 — Le colifichet est-il plus précieux que le bibelot et la babiole ?

En fait, aucun de ces trois mots ne désigne un objet précieux. Le **bibelot** est un petit objet curieux et décoratif. L'origine du mot **bibelot** est inconnue. On suppose qu'il s'agirait d'une déformation de *beubelet*, qui lui-même viendrait du mot archaïque **beaubel**. Le mot **bébelle** a probablement la même origine. La **babiole**, pour sa part, est un petit objet de peu de valeur. **Babiole** ne vient pas de *beubelet*, mais plutôt du mot l'italien *babbola*, qui signifie **bêtise**.

Enfin, le mot **colifichet**, qui est plus courant en Europe que chez nous, désigne un petit objet de fantaisie sans grande valeur. Autrement dit, le colifichet est un petit bijou bon marché. Ce mot est également employé pour désigner un ornement clinquant et de goût douteux. La plupart des spécialistes croient que **colifichet** serait une variation de *coeffichier*, un mot du XVe siècle qui désignait un ornement que les dames fixaient à leur chapeau.

354 — Le cristal est-il une sorte de verre ou de vitre ?

Par définition, le **verre** est une substance fabriquée, dure, cassante et transparente, essentiellement formée de silicates alcalins. Certains anthropologues soutiennent que le verre serait le premier matériau synthétique créé par l'Homme. La **vitre**, en revanche, est un panneau de verre qu'on peut voir dans les fenêtres et dans certaines portes. En fait, **vitre** est synonyme de **carreau**. Il faut éviter d'utiliser le mot **vitre** pour désigner le matériau lui-même. Par exemple, on dira qu'un bouchon de carafe est fait de **VERRE** et non de « vitre ».

Dans son sens premier, le mot **cristal** désigne un minéral naturel transparent et dur qui rappelle la glace. Le quartz est une sorte de cristal. Dans la langue courante, le mot **cristal** désigne une variété de verre limpide et incolore qui contient généralement du plomb. À l'inverse du mot anglais *crystal*, le mot français **cristal** s'écrit avec un **i** et non avec un **y**.

355 — Fauteuil, canapé, divan, sofa : quelle différence ?

Le **fauteuil** est un siège à dossier et à bras pour une seule personne. Autrement dit, un fauteuil est une chaise avec des bras. Le **fauteuil** est souvent rembourré, mais ce n'est pas toujours le cas. Le **canapé** est un siège de salon rembourré, à plusieurs places, avec dossier et accotoirs. En fait, on peut dire que le **canapé** est une sorte de grand fauteuil dans lequel peuvent s'asseoir trois ou quatre personnes. En revanche, on appelle **causeuse** un petit **canapé** pour deux personnes. Le **divan** est une sorte de canapé, qui n'a ni bras ni dossier. En réalité, le **divan** est une espèce de longue banquette rembourrée. Enfin, le **sofa** était, à l'origine, un grand siège à trois places utilisé dans les pays du Moyen-Orient. De nos jours, le sofa est une sorte de divan avec des coussins. En français moderne, on fait de moins en moins la distinction entre le **canapé**, le **divan** et le **sofa**.

356 Le curio est-il un buffet ou un bahut ?

« Curio » est un anglicisme. Le mot anglais *curio* est l'abréviation de *curiosity cabinet*. En français, on appelle **vitrine** et non « curio » la petite armoire vitrée dans laquelle on expose des bibelots. Dans les musées et certains commerces, notamment les bijouteries, on appelle également **vitrine** l'armoire ou la table vitrée dans laquelle on expose des objets de collection ou des articles précieux.

Le **buffet** est un meuble de salle à manger ou de cuisine servant à ranger la vaisselle, l'argenterie, le linge de table et certaines provisions. Le buffet a souvent des portes vitrées pour mettre en valeur la vaisselle. Le **bahut** est une sorte d'armoire rustique, large et basse, à plusieurs portes. À l'origine, le **bahut** était un gros coffre de voyage. De nos jours, toutefois, on ne tient plus toujours compte des particularités qui distinguent le **bahut** du **buffet**.

357 — Peut-on vraiment célébrer l'anniversaire d'un événement tragique ?

Il est tout a fait correct de dire que la Radio de Radio-Canada célébrera son centenaire en 2036. Le verbe **célébrer** comporte une notion de réjouissance. On peut célébrer l'anniversaire d'un événement heureux, mais il n'est pas vraiment pertinent de dire qu'on célèbre l'anniversaire d'un événement tragique. Par exemple, au lieu de dire qu'on a récemment célébré l'anniversaire de l'assassinat de John F. Kennedy, il est plus correct de dire qu'on a récemment **COMMÉMORÉ** la mort de John F. Kennedy. Contrairement au verbe **célébrer**, le verbe **commémorer** est parfaitement neutre. En effet, **commémorer**, c'est rappeler un événement heureux ou triste. Il faut toutefois noter qu'on ne commémore pas un anniversaire, mais qu'on commémore plutôt un événement.

358 — Monte-t-on sur un lift pour faire son changement d'huile ?

Le terme anglais *lift* est accepté dans la langue du tennis. Dans le vocabulaire de la mécanique, cependant, « lift » doit être considéré comme un anglicisme. En effet, on appelle **pont élévateur** et non « lift » l'appareil de levage qui permet à un mécanicien de lever une voiture pour en faire l'examen ou l'entretien. En contexte, le mot **élévateur** peut suffire.

Le terme **changement d'huile** est considéré comme un régionalisme acceptable, bien qu'il soit calqué sur l'anglais. Rappelons cependant qu'on appelle également **vidange d'huile** l'opération d'entretien qui consiste à évacuer l'huile usée d'un moteur de voiture et à la remplacer par de l'huile neuve. Et bien sûr, le mot **vidange** est suffisamment explicite en contexte. Enfin, rappelons qu'on ne devrait pas utiliser le mot **vidange** pour désigner les **DÉCHETS** ou les **ORDURES MÉNAGÈRES**.

359 — Je suis sous l'impression que vous n'achetez pas ce que je dis. Ai-je raison ?

L'expression populaire « être sous l'impression que » est un calque de l'anglais. En français, on peut remplacer cette tournure fautive par la locution **AVOIR L'IMPRESSION QUE** ou, dans certains contextes, par les verbes **CROIRE**, **ESTIMER** ou **SUPPOSER**.

Ne pas acheter quelque chose, c'est tout simplement ne pas faire l'achat de cette chose. Cette expression ne s'utilise pas au figuré. En effet, « je n'achète pas ça » est le calque de l'expression anglaise *I don't buy that*. Dans la langue familière, on peut utiliser les verbes **gober** ou **avaler** pour exprimer le fait de croire naïvement à des faits ou à des concepts dont l'authenticité est douteuse. Dans la plupart des cas, on peut aussi utiliser le verbe **croire**, tout simplement. Donc, on évitera de dire : « Je suis sous l'impression que vous n'achetez pas ce que je dis ». On dira plutôt : **J'AI L'IMPRESSION QUE VOUS NE ME CROYEZ PAS**.

360 — Invoquer ou évoquer, où sont les nuances ?

Les verbes **invoquer** et **évoquer** ont des graphies et des prononciations similaires, mais leurs sens respectifs sont très différents. **Invoquer**, c'est appeler Dieu ou les saints à l'aide, par une prière. Par exemple, certaines personnes invoquent saint Jude dans les situations désespérées. **Invoquer**, c'est également faire appel à quelqu'un ou avoir recours à quelque chose. Par exemple, on peut invoquer les dispositions d'une loi pour justifier un acte.

Évoquer, en revanche, c'est se remémorer quelque chose. Par exemple, on peut évoquer un souvenir, son enfance ou un événement quelconque. Dans un contexte littéraire, **évoquer**, c'est faire apparaître à l'esprit par des images ou des associations d'idée. Par exemple, un auteur peut évoquer dans un texte une région réelle ou imaginaire, ou encore une époque récente ou lointaine. Enfin, **évoquer** peut être synonyme de **faire penser**. Par exemple, un mot peut évoquer une image.

361 — Tous les malades sont-ils des patients et tous les patients sont-ils des bénéficiaires ?

Un **malade** est une personne qui a une maladie physique ou mentale. Un malade n'est pas nécessairement traité par un médecin. Le mot **patient**, en revanche, désigne une personne, malade ou non, qui consulte un médecin. Enfin, dans le jargon de l'administration de la santé, on appelle **bénéficiaire** toute personne qui reçoit les services d'un établissement de santé ou de services sociaux.

362 — Les maladies dont on est atteint nous font-elles souffrir ?

De nos jours, il est préférable de dire **AVOIR UNE MALADIE** ou **VIVRE AVEC UNE MALADIE** plutôt que de dire **souffrir d'une maladie** ou **être atteint d'une maladie**, bien que ces dernières formules ne soient ni fautives ni condamnables. Sans tomber dans les excès de la rectitude politique, il est plus positif de mettre l'accent sur le fait que la personne est encore bien en vie plutôt que d'insister sur la souffrance qu'entraîne la maladie. Par exemple, on peut parler des gens qui **souffrent du sida** ou qui **sont atteints du cancer**, mais il est plus respectueux de parler des gens **QUI VIVENT AVEC LE SIDA** et des personnes **QUI ONT LE CANCER**.

363 — Le jour pointe-t-il ou point-il ?

Il ne faut pas confondre les verbes **pointer** et **poindre**. **Pointer**, c'est marquer quelque chose d'un point pour exercer un contrôle quelconque. Par exemple, on peut pointer des noms sur une liste. En ce sens, **pointer** est synonyme de **cocher**. On peut aussi employer le verbe **pointer** pour exprimer le fait d'enregistrer son heure d'arrivée ou de départ avec une horloge pointeuse. Les employés d'usine pointent au début et à la fin de leur journée de travail. Enfin, le verbe **pointer** est également synonyme de **diriger**. Par exemple, on pointe le doigt ou une arme vers quelqu'un.

Le verbe **poindre**, en revanche, exprime le fait de paraître progressivement, en parlant d'une chose qui croît ou qui s'approche. **Poindre** est synonyme des verbes **apparaître** et **naître**. On peut parler de l'aube ou du jour qui commence à poindre. De nos jours, le verbe **poindre** est généralement considéré comme littéraire.

INTRODUIRE UNE PERSONNE...

364 Peut-on introduire une personne à une autre ?

On peut introduire une personne dans un lieu, mais on ne peut pas « introduire » une personne à une autre. Utilisé dans ce sens, le verbe **introduire** est considéré comme un anglicisme. En français, **introduire** peut avoir le sens d'admettre une personne dans un groupe. Par exemple, on peut introduire un ami dans une association dont on est membre. **Introduire** est alors synonyme de **parrainer**.

Introduire, c'est aussi faire entrer une chose dans une autre. Il est tout à fait correct de dire qu'on introduit une clé dans une serrure. On peut également dire qu'on introduit des produits de contrebande dans un pays. Enfin, **introduire** peut être synonyme de **lancer**. Par exemple, on peut introduire une mode. En revanche, au lieu de dire qu'on « introduit » une personne à une autre, il est plus juste de dire qu'on **PRÉSENTE** une personne à une autre.

365 Connaissez-vous la librairie du Congrès ?

Il existe peut-être une librairie du Congrès, mais si tel est le cas, il s'agit fort probablement d'un commerce privé et non de l'une des plus prestigieuses institutions publiques des États-Unis. En français, le célèbre établissement de Washington qui renferme l'une des plus grandes collections de livres de la planète porte le nom de **BIBLIOTHÈQUE DU CONGRÈS**.

Rappelons qu'une **librairie** est un magasin où on vend des livres. En revanche, une **bibliothèque** est un établissement où sont classés des livres pouvant être consultés et, dans certains cas, empruntés. Donc, on achète des livres à la librairie, mais on les emprunte à la bibliothèque. La **bibliothèque** est également une armoire avec ou sans portes dans laquelle on range des livres. **Librairie** a déjà eu le sens de **bibliothèque**, mais cette acception est considérée comme archaïque. De nos jours, l'utilisation de **librairie** au sens de **bibliothèque** est considérée comme un anglicisme.

366 Un spectacle peut-il être à guichet fermé ?

On peut dire qu'une troupe de théâtre joue une pièce à guichet fermé ou qu'un chanteur présente un spectacle à guichet fermé, mais on ne devrait pas dire qu'une pièce ou qu'un spectacle « est à guichet fermé ». En effet, les expressions consacrées pour exprimer le fait de présenter une prestation artistique devant une salle pleine est **JOUER À GUICHET FERMÉ**, en parlant d'une pièce et **PRÉSENTER À GUICHET FERMÉ**, en parlant d'un spectacle. Et bien sûr, on peut également dire qu'une pièce ou un spectacle **FAIT SALLE COMBLE**.

367 Une émission peut-elle tenir l'antenne ?

Une pièce à succès peut **tenir l'affiche** pendant un certain temps. En revanche, pour parler d'une émission de radio ou de télévision qui a été diffusée pendant cinq ans, par exemple, on ne peut pas dire que cette émission a « tenu l'antenne » pendant cinq ans. On dira simplement que cette émission est **RESTÉE EN ONDES** ou qu'elle **A ÉTÉ DIFFUSÉE** pendant cinq ans.

368 Peut-on faire des anglicismes dans les onomatopées ?

Les onomatopées sont des mots qui représentent des sons. Par exemple, **crac**, **boum**, **cocorico** et **atchoum** sont des onomatopées. Étonnamment, il est possible de faire des anglicismes même dans la représentation des sons. Par exemple, en anglais, l'interjection qui représente la douleur est *ouch*. En français, on représente ce son par les mots **AÏE** ou **OUILLE**. De même, les anglophones utilisent le mot *phew* pour exprimer, selon le contexte, le soulagement ou le dégoût. En français, on a recours aux interjections **OUF** et **POUAH** pour exprimer ces mêmes sentiments.

L'influence de l'anglais sur les onomatopées se fait sentir partout dans la francophonie et, dans certains cas, c'est la représentation anglaise d'un son qui finit par l'emporter. Par exemple, pour illustrer le bruit d'une sonnerie, l'onomatopée anglaise *dring* a fini par supplanter **drelin, drelin**!

369 — Que dilate-t-on au juste quand on se dilate la rate?

L'expression populaire **se dilater la rate** s'appuie sur des principes médicaux erronés. La médecine du XVIIe siècle accordait une grande importance aux humeurs. On appelait **humeurs** les différents liquides secrétés par le corps humain comme le sang, la bile, les larmes, la salive et la lymphe. Selon les médecins de cette époque, la rate avait la particularité d'accumuler les humeurs noires et on croyait que ces humeurs étaient la cause de la **mélancolie**. D'ailleurs, **mélancolie** vient d'un mot grec qui signifie littéralement **bile noire**. Le rire était considéré comme libérateur parce qu'il était censé dilater la rate et ainsi permettre à l'humeur noire de s'échapper.

Le verbe **désopiler**, qu'on associe également au rire, signifie littéralement **désobstruer**. Donc, une chose désopilante a pour effet de vider la rate de ses humeurs noires. Du moins le dit-on…

370
Un Boeing sept-quarante-sept a atterri sur l'autoroute quatre-quarante. Trouvez l'erreur !

On doit prononcer les nombres dans les noms d'avions comme s'il s'agissait de nombres ordinaires. Lorsque le nombre est supérieur à 100, il faut toujours prononcer le mot **cent**. Il faut donc parler d'un Boeing **SEPT CENT QUARANTE-SEPT** et non d'un Boeing « sept-quarante-sept ». Bien sûr, cette règle vaut également pour tous les autres modèles d'avions, ainsi que pour les numéros des autoroutes. Par exemple, on parlera de l'autoroute **QUATRE CENT QUARANTE** et non de l'autoroute « quatre-quarante ».

Il faut noter que le mot **autoroute** est de genre féminin, comme le mot **route**. Dans la langue courante, pour désigner l'autoroute 440, par exemple, il est permis de parler de **LA** 440. Enfin, rappelons que le mot **autoroute** peut s'écrire en deux mots, avec trait d'union, ou en un seul mot, sans trait d'union. Depuis un certain nombre d'années, cependant, l'usage privilégie la graphie sans trait d'union.

371
L'adjectif kosher est-il cacher ?

L'adjectif anglais d'origine hébraïque *kosher* se traduit par **CACHER**, en français. L'orthographe **cascher** est également correcte, mais moins courante.

Mais peu importe la graphie, ce mot ne se prononce jamais «kôcheûr», à l'anglaise.

On peut dire des aliments qui ne sont pas préparés rituellement selon la loi hébraïque qu'ils **ne sont pas cacher**. Cette expression n'a pas vraiment de sens figuré en français, contrairement à son équivalent anglais. Pour exprimer le fait qu'une chose n'est pas conforme aux normes ou qu'elle est marginale, il n'est pas vraiment correct de dire que cette chose «n'est pas cacher». Dans la langue familière, nos amis Européens diraient **CE N'EST PAS RÉGLO**. Dans la langue un peu plus soutenue, on dira plutôt: **CE N'EST PAS TRÈS ORTHODOXE**.

372 | Au meilleur de votre connaissance, faites-vous de la haute pression?

L'expression populaire «au meilleur de ma connaissance» est le calque de la l'expression anglaise *to the best of my knowledge*. En français, dans la plupart des cas, on peut remplacer la tournure fautive par les locutions bien connues **À MA CONNAISSANCE** ou **POUR AUTANT QUE JE SACHE**. Et dans certains contextes, au lieu de dire qu'on fait quelque chose «au meilleur de sa connaissance», on peut dire qu'on fait cette chose **DE BONNE FOI**.

On utilise souvent le terme **haute pression** dans la langue de la physique et de la météorologie. Par exemple, dans un bulletin météo, on peut parler d'une **crête de haute pression**. En revanche, dans la langue médicale, pour désigner une élévation anormale de la pression que le sang exerce sur les parois des artères, on parlera plutôt d'**HYPERTENSION ARTÉRIELLE**. Bien sûr, en contexte, le mot **hypertension** peut suffire. À votre connaissance, faites-vous de l'hypertension ?

373 — La bague, l'anneau, le jonc et l'alliance sont-ils des bijoux ?

La **bague** est un anneau travaillé qu'on met au doigt. Une bague n'est pas nécessairement précieuse ni décorative. L'**anneau**, pour sa part, est une bague de métal généralement précieux, parfois serti de petites pierres. Le **jonc**, quant à lui, est une bague dont le cercle est partout de la même grosseur. Le jonc est généralement fait de métal précieux, mais il n'est pas serti de pierres. Enfin, l'**alliance** est un anneau nuptial symbolisant l'union des deux partenaires.

Le **bijou** est un petit objet ouvragé servant à la parure. Le bijou est un objet précieux, mais il n'est pas nécessairement fait de pierres ou de métal précieux. En effet, la valeur d'un bijou peut résider dans sa rareté ou dans la qualité artistique de sa fabrication. Il faut cependant noter que tous les bijoux ne sont pas des joyaux. En effet, le **joyau** est un objet décoratif de grande valeur. Évidemment, le **joyau** est toujours fait de matière précieuse.

374 — Connaissez-vous l'imagisme, le capacitisme et le classisme ?

L'**imagisme**, qu'on appelle en anglais *lookism*, est une discrimination basée sur l'apparence. Une personne qui se voit refuser un emploi en raison de sa tenue vestimentaire ou de son apparence physique est victime d'imagisme. Le **capacitisme** est une forme de discrimination fondée sur la capacité physique. En anglais, on appelle cette attitude *ableism*. Une personne en fauteuil roulant qui ne peut pas avoir accès à un immeuble est victime de capacitisme.

De tout temps, certaines personnes ont été mises à l'écart en raison de leur classe sociale. Cette forme de discrimination porte maintenant un nom officiel, en l'occurrence **classisme**. Il existe même une forme de discrimination fondée sur le poids. Ce que les Américains appellent *fattism* n'a pas encore d'équivalent français. On voit parfois l'étrange terme «grossisme», mais on parle généralement de **discrimination antigros**. Pourrait-on parler d'**adipisme**?

375 | Ce qui est distrayant est-il gênant ou divertissant ?

L'adjectif **distrayant** qualifie ce qui permet de se détendre l'esprit, de se changer les idées et, bien sûr, de se distraire. Il est important de noter que **distrayant** n'est pas la traduction du terme anglais *distracting*, dont le sens est un peu moins positif. En effet, pour qualifier quelque chose qui nous empêche de nous concentrer, il faut plutôt utiliser les adjectifs **GÊNANT** ou **ENNUYEUX**.

Enfin, l'adjectif **divertissant** qualifie ce qui distrait en amusant et ce qui sert à chasser l'ennui. Généralement, on associe cet adjectif à une activité récréative, culturelle ou artistique. D'ailleurs, le mot anglais *entertainment* se traduit par **divertissement** en français.

376 — Peut-on vraiment parler à travers un chapeau ?

«Parler à travers son chapeau» fait partie de ces expressions populaires peu évocatrice, qu'on utilise sans trop penser à ce qu'elles veulent dire. En fait, «parler à travers son chapeau» est un calque de l'anglais. En français, au lieu de dire «cesse de parler à travers ton chapeau» à quelqu'un qui fait des affirmations gratuites, il est plus correct de dire à cette personne : Cesse de **DIRE DES BÊTISES**, cesse de **DIRE N'IMPORTE QUOI**, cesse de **PARLER À TORT ET À TRAVERS** ou encore **NE PARLE PAS TROP VITE** !

De même, avant de faire des affirmations trop hâtives, on évitera de dire : «Je ne voudrais pas parler à travers mon chapeau». On dira plutôt : Je ne voudrais pas **ME PRONONCER, TROP M'AVANCER, M'ENGAGER** ou **ME COMPROMETTRE**.

377 — Devant ouate, ouananiche et ouaouaron, quel article faut-il utiliser ?

Devant les mots commençant par la chaîne **oua-**, on peut faire ou ne pas faire l'élision de l'article défini. On peut donc dire **la ouate** ou **l'ouate, la ouananiche** ou **l'ouananiche** et **le ouaouaron** ou **l'ouaouaron**. De nos jours, on remarque une nette tendance à faire la disjonction plutôt que l'élision. On parlera donc plus volontiers de **la ouate**, de **la ouananiche** et **du ouaouaron**. En revanche, devant les mots commençant par la chaîne **oui-**, on ne fait pas l'élision de l'article défini. On dira donc **le oui, le ouistiti** et **le ouï-dire**. En fait, la seule exception à cette règle est le substantif **ouïe**. En effet, on parle de **l'ouïe** et non de « la ouïe » ! Enfin, devant les rares mots commençant par la chaîne **oue-**, on fait toujours l'élision. On ne dirait pas : Il était une fois dans « le Ouest » !

378 — Un test sanguin est-il un test médical ?

Dans la langue technique, le mot d'origine anglaise **test** désigne une épreuve ou un essai. Par exemple, on peut parler d'un test de combustion ou d'un test de fluidité. En revanche, l'opération médicale consistant à séparer les composants du sang pour les identifier s'appelle **ANALYSE DU SANG** ou **ANALYSE SANGUINE**. Le terme « test sanguin », qu'on utilise abondamment chez nous, est à éviter. Il s'agit du calque de l'anglais *blood test*.

Pour désigner l'ensemble des investigations cliniques effectuées par un médecin dans le but d'évaluer l'état de santé d'un patient, on utilisera le terme **EXAMEN MÉDICAL** et non « test médical ». Enfin, on appelle **BILAN DE SANTÉ** l'ensemble des examens médicaux pratiqués systématiquement, occasionnellement ou à intervalles réguliers sur un patient afin d'évaluer l'état et le fonctionnement de ses organes vitaux.

379 La gentrification est-elle pire que l'embourgeoisement ?

Embourgeoisement est le terme recommandé par l'Office québécois de la langue française pour désigner la transformation socioéconomique d'un quartier urbain ancien. Cette transformation est engendrée par l'arrivée progressive d'une nouvelle classe de résidents qui restaure physiquement le quartier et en rehausse le niveau de vie. L'anglicisme « gentrification » vient du mot anglais *gentry* qui désigne la petite noblesse dans le système social anglais. Ce mot est à éviter. D'ailleurs, les personnes responsables de l'embourgeoisement d'un quartier appartiennent à des classes sociales aisées, mais généralement pas à la petite noblesse.

Pour beaucoup de gens, **embourgeoisement** a une connotation péjorative puisque, pour ces personnes, l'embourgeoisement se fait toujours au détriment des personnes pauvres. Enfin, **élitisation**, qui a déjà été proposé pour remplacer « gentrification », n'a pas été consacré par l'usage.

380 — Peut-on vraiment avoir son gâteau et le manger ?

Il faut éviter de traduire littéralement les expressions populaires anglaises, même si parfois elles nous semblent plus évocatrices que leurs équivalents français. En anglais, on utilise l'expression *to have one's cake and eat it too* pour illustrer le fait de vouloir profiter en même temps de deux avantages qui s'annulent. L'équivalent français de cette expression est assez similaire et tout aussi pittoresque. En effet, on dit qu'on ne peut pas **avoir le beurre et l'argent du beurre**. Dans son sens premier, cette expression signifie qu'on ne peut pas jouir d'un bien et du fruit de sa vente puisque, logiquement, le bien ne nous appartient plus lorsqu'on l'a vendu.

Cependant, on peut aussi employer cette formule amusante pour exprimer le simple fait qu'il faut parfois faire des choix difficiles et qu'on ne peut pas toujours tout avoir, même si, théoriquement, dans certains cas, ce serait possible.

381 — Une équipe sportive peut-elle se raplomber ?

Certains régionalismes de chez nous sont bien formés et on peut se permettre de les utiliser dans la langue de tous les jours. Dans la langue surveillée, en revanche, il est préférable d'avoir recours à des mots appartenant au français standard commun à tous les pays francophones, ne serait-ce que pour être compris de tout le monde. **Se raplomber** est un verbe familier qui est synonyme de **se remettre d'aplomb**. Selon le contexte, on peut également remplacer « se raplomber » par les verbes et locutions bien connus **se redresser, se reprendre en main, s'améliorer, se ressaisir, se corriger** ou **reprendre le dessus**.

Dans la langue du sport, lorsqu'une équipe en difficulté a remonté la pente, au lieu de dire que cette équipe « s'est raplombée », il est plus juste et plus imagé de dire que cette équipe **A REPRIS DU POIL DE LA BÊTE**.

382

Dans la lutte contre la pollution, doit-on dire que la Belgique et la France ne font qu'un ou ne font qu'une ?

Il ne faut pas confondre la locution **ne faire qu'un**, qui signifie **avoir des liens extrêmement étroits avec une autre entité**, et la locution **n'en faire qu'un**, qui signifie **être une seule et même chose** ou **une seule et même personne**. Dans le cas de l'expression **ne faire qu'un**, le pronom **un** est invariable. Pour reprendre notre exemple, il aurait fallu dire : Dans lutte contre la pollution, la Belgique et la France **NE FONT QU'UN**. En effet, les deux nations sont très unies dans une cause commune, en l'occurrence la lutte contre la pollution.

Par contre, dans la locution **n'en faire qu'un**, le pronom **un** varie en genre. Par exemple, dans le contexte des fusions municipales au Québec, on peut dire, en parlant de Trois-Rivières et de Cap-de-la-Madeleine : Ces deux villes **N'EN FONT QU'UNE**. On veut dire par là que Trois-Rivières et Cap-de-la-Madeleine ne forment maintenant qu'une seule et même ville.

383   Peut-on avoir un ver dans l'oreille ?

On peut se faire tirer les vers du nez, mais on ne peut pas avoir un ver dans l'oreille ! On entend des anglicismes dans toute la francophonie, mais les germanismes se font assez rares ! Le terme allemand *Ohrwurm* désigne une mélodie ou une chanson très populaire qu'on retient trop facilement et dont on ne peut pas se débarrasser. Il est vrai qu'*Ohrwurm* se traduit littéralement par **ver d'oreille**. Toutefois, en français on emploie plutôt les termes **AIR OBSÉDANT, CHANSON OBSÉDANTE** ou **OBSESSION MÉLODIQUE**. Monique Giroux, la célèbre animatrice de la Radio de Radio-Canada, utilise le sympathique terme **chanson-poison** pour désigner cette même réalité.

Mais attention ! Il ne faut pas confondre l'**air obsédant** et la **scie**. On appelle **scie** une vieille rengaine usée, qu'on est fatigué d'entendre. Les **airs obsédants** peuvent nous taper sur les nerfs, mais ils ne sont pas nécessairement vieux et usés !

384   Avez-vous déjà fait des vôtres ?

L'expression **faire des siennes** est si fréquemment utilisée à la troisième personne du singulier qu'on oublie qu'elle peut être utilisée aux autres personnes. Bien sûr, on n'hésite pas à dire **IL FAIT DES SIENNES**, mais au pluriel, doit-on dire ils font « des siennes » ? Pas du tout ! Le pluriel du pronom **siennes** est **leurs**. Il faut donc dire **ILS FONT DES LEURS**. Aussi étrange que cette dernière formulation puisse sonner à notre oreille, elle est parfaitement logique et grammaticale. Bien sûr, les tournures **je fais des miennes, tu fais des tiennes, nous faisons des nôtres** et **vous faites des vôtres** sont pratiquement inusitées, mais elles existent. On en trouve quelques rares exemples dans certains ouvrages. Quoi qu'il en soit, si on hésite à dire **ils font des leurs,** on peut toujours contourner le problème et dire : **ILS FONT DES SOTTISES** ou **ILS EN FONT DE BELLES.**

385 Où peut-on poser le geste de se faire poser ?

Poser, c'est servir de modèle pour un tableau, une sculpture ou une photographie. Il est donc tout a fait correct de dire qu'on pose pour une photo, comme on pose pour un tableau ou pour une sculpture. Et bien sûr, on peut également dire qu'on pose pour un peintre, un sculpteur ou un photographe. Par contre, que le photographe soit professionnel ou amateur, on **SE FAIT PHOTOGRAPHIER** ou on **SE FAIT PRENDRE EN PHOTO**, on ne se fait pas « poser ».

Mais peut-on poser un geste ? La locution « poser un geste », qu'on emploie couramment chez nous et dans certaines régions francophones d'Europe, est critiquée par les puristes. En réalité, on devrait considérer cette tournure comme un simple régionalisme. Quoi qu'il en soit, dans la langue surveillée, il est toujours préférable d'utiliser la locution **faire un geste**. Dans certains contextes, on peut également dire qu'on **commet un acte** ou qu'on **accomplit un acte**.

386 — Quel rapport y a-t-il entre les clowns et l'agriculture ?

À première vue, il n'y a aucun lien entre les clowns et l'agriculture. Pourtant, il existe un rapport très lointain entre les réalités décrites par ces deux mots. Comme on sait, **clown** vient de l'anglais. Ce qui est moins connu, cependant, c'est que l'anglais a emprunté ce mot au latin. En latin, *colonus* signifie **laboureur**. D'ailleurs, le mot français **colon** vient exactement de la même source. On dit que c'est Shakespeare qui aurait été le premier dramaturge à introduire des clowns dans ses comédies. Il s'agissait de personnages un peu grossiers qui faisaient toutes sortes de bouffonneries, c'est le cas de le dire.

Il faut également préciser que le mot **bouffon** n'a pas de rapport direct avec le mot **bouffe**. Et le bouffon ne s'appelle pas ainsi parce qu'il porte parfois des costumes bouffants. En réalité, **bouffon** vient du mot italien *buffone*, lui-même dérivé du mot *buffa* qui signifie **plaisanterie**.

387 — Les problèmes ont-ils des adresses ?

Le verbe **adresser** a plusieurs sens en français. Par exemple, on peut **adresser** une question à quelqu'un. On peut aussi **adresser** des reproches à une personne. Et, bien sûr, on peut **adresser** une lettre ou un colis. De même, un médecin **adresse** un patient à un spécialiste, il ne « réfère » pas ce patient à un spécialiste. Le verbe **adresser** s'emploie aussi à la forme pronominale.

Par exemple, on peut **s'adresser** à quelqu'un pour obtenir un renseignement. Il est également correct de dire qu'un film **s'adresse** à un auditoire adulte.

Par contre, la locution « adresser un problème » est un calque de l'anglais. En français, on dit plutôt qu'on **ABORDE**, qu'on **EXAMINE** ou qu'on **ÉTUDIE** un problème. On peut également dire qu'on **SE PENCHE SUR UN PROBLÈME** ou qu'on **S'ATTAQUE À UN PROBLÈME**.

388 Faut-il dire bal de graduation ou bal des finissants ?

L'emploi de « graduation » au sens de **cérémonie de remise de diplômes** ou de **collation des grades** constitue un anglicisme. En français, le mot **graduation** désigne la division d'une échelle de mesure en degrés d'égale grandeur. Par exemple, on peut parler de la graduation d'un thermomètre.

Le terme « bal des finissants » est également incorrect. En français, **finissant** est un adjectif qui sert à qualifier ce qui est en train de finir. Ce mot appartient à la langue littéraire. Par exemple, on peut parler du printemps finissant. En principe, on devrait appeler **SORTANT**, et non « finissant », un élève qui vient de terminer ses études. Toutefois, l'usage n'a pas encore consacré l'expression « bal des sortants ». On appelle plutôt **BAL DE FIN D'ÉTUDES** la soirée dansante organisée pour les élèves ou les étudiants qui ont reçu leur diplôme d'études secondaires, collégiales ou universitaires.

389 Capable et susceptible sont-ils synonymes ?

L'adjectif **capable** exprime une possibilité active d'accomplir une action. Par exemple, on peut dire qu'un enfant de deux ans est capable de parler et de marcher. **Susceptible**, en revanche, exprime une possibilité passive. On dira, par exemple, qu'un canot d'écorce est susceptible de prendre l'eau ou qu'une vieille voiture est susceptible de tomber en panne. **Capable** peut aussi exprimer une possibilité permanente. Par exemple, un ouragan est capable de détruire une ville. Inversement, **susceptible** exprime une possibilité occasionnelle. On peut dire, par exemple, que tel auteur est susceptible de remporter un prix cette année.

Enfin, l'adjectif **capable** peut indiquer que l'action, lorsqu'elle est accomplie, est louable parce qu'elle a demandé un effort quelconque. Par exemple, on peut dire : Cet élève est **capable** de faire de grandes choses. Par contre, on dira : Cet enfant paresseux est **susceptible** d'échouer à son examen.

390 Comment traduit-on widescreen TV ?

On appelle **téléviseur à grand écran** un téléviseur muni d'un tube cathodique surdimensionné. Le **téléviseur à rétroprojection** est aussi un téléviseur à grand écran. Toutefois, ce téléviseur n'est pas muni d'un grand écran cathodique. En effet, le **téléviseur à rétroprojection** est un récepteur de télévision à petit écran cathodique associé à un projecteur intégré qui reproduit l'image sur un grand écran.

Ces deux types de téléviseurs ont de grands écrans, mais le rapport entre la largeur et la hauteur de l'écran peut être de **quatre-tiers** ou de **seize-neuvième**. Le format **quatre-tiers** est le format presque carré des écrans de télévision que nous utilisons depuis les années 50. Depuis quelques années, les nouveaux téléviseurs sont munis d'un écran de **format seize-neuvième**. On appelle ces appareils **téléviseurs panoramiques** ou **téléviseurs à écran large**. Les écrans panoramiques sont un peu plus larges que les anciens écrans et permettent, notamment, de visionner de façon optimale des films en cinémascope.

391 Comment appelle-t-on le véhicule qu'on utilise pour remorquer les voitures ?

Logiquement, on pourrait supposer que le véhicule de dépannage que les garagistes utilisent pour remorquer les voitures en panne s'appelle « remorqueuse ». Ce n'est pourtant pas le cas. En effet, ce véhicule de dépannage s'appelle justement **DÉPANNEUSE**. Mais si ce véhicule est spécialement conçu pour remorquer les voitures, pourquoi ne pas l'appeler remorqueuse ?

En fait, la raison est fort simple. Contrairement à ce qu'on pourrait croire, le rôle de la dépanneuse ne se limite pas au remorquage des voitures en panne. En effet, la dépanneuse est spécialement équipée pour que le mécanicien puisse effectuer un certain nombre de réparations temporaires ou permanentes, sur les lieux de la panne. Et comme ces opérations de dépannage peuvent parfois éviter au mécanicien de remorquer la voiture jusqu'à un garage, le terme **dépanneuse** est plus pertinent. Et bien sûr, « towing » est un anglicisme.

392 Madame, votre fille est-elle des plus belle ou des plus belles ?

La règle est très simple : que le nom soit au singulier ou au pluriel, l'adjectif précédé de la locution **des plus** se met toujours au pluriel et s'accorde en genre avec le nom. On écrira, par exemple : Cet homme est **des plus grossiers**, mais sa femme est des plus **élégantes**. En revanche, l'adjectif précédé de la locution **des plus** demeure invariable quand il se rapporte à un pronom neutre ou à un verbe. Par exemple, on écrira : Ce n'est pas des plus **simple**. De même, on écrira : Marcher au bord de la mer est des plus **agréable**. Enfin, lorsqu'un nom est qualifié par plusieurs adjectifs, il est recommandé de répéter la locution **des plus**. Par exemple, on dira : C'est un enfant **des plus sages** et **des plus obéissants**.

393 Connaissez-vous les pulp magazines ?

En anglais, certains magazines portent le nom de *pulp magazines* parce qu'ils sont fabriqués avec du papier de piètre qualité. Certains disent que ces magazines ne valent pas plus que la pâte à papier qui a servi à les fabriquer ! En français, ces publications s'appellent **magazines bon marché** ou **magazines médiocres**. Nos amis français appellent **magazines people** les magazines populaires à sensation qui traitent des vedettes et des personnalités publiques en mettant davantage l'accent sur la vie privée que sur la vie professionnelle. Le synonyme **magazine à sensation** a le mérite d'être plus explicite.

Enfin, *trash magazine* se traduit par **magazine à scandales**. Il s'agit d'un magazine mettant l'accent sur les aspects scabreux de la vie privée des vedettes ou des personnalités publiques. Dans la langue populaire, on utilise parfois le mot **torchon** pour désigner ce genre de publication.

394 Utilisez-vous un bac de récupération ou un bac de recyclage ?

Il faut tout d'abord faire la distinction entre la **récupération** et le **recyclage**. En fait, la **récupération** précède le **recyclage**. On peut récupérer des choses pour les réutiliser ou pour les recycler. Il faut préciser qu'il n'est pas nécessaire de transformer les articles qu'on veut réutiliser. En revanche, le **recyclage** implique nécessairement une transformation de la matière récupérée.

Le **bac de récupération** est un contenant servant à collecter divers objets qu'on veut réutiliser ou, dans certains cas, recycler. Le **bac de recyclage** est un contenant servant exclusivement à la collecte du papier, du verre, du carton et d'autres matériaux en vue de les recycler. En réalité, la nuance entre les deux types de bac est plutôt subtile et, dans la langue courante, on peut considérer **bac de récupération** et **bac de recyclage** comme des synonymes. Enfin, on appelle **conteneur** le très grand bac dans lequel tous les résidents d'un quartier viennent jeter leurs déchets recyclables.

395 — La bigoterie est-elle un péché ?

Les mots **bigoterie** et **bigot** sont associés à la pratique de la religion. La **bigoterie** est une dévotion hypocrite, un peu comme celle dont faisaient preuve les Pharisiens de la Bible. Plus près de nous, les personnes qu'on qualifie de **grenouilles de bénitier** et de **punaises de sacristie** sont des **bigots** et des **bigotes**. D'ailleurs, la chanson *Les bigotes* de Jacques Brel décrit assez bien ce genre de personnes. Il faut cependant éviter d'utiliser **bigoterie** et **bigot** dans le sens des termes anglais *bigotry* et *bigot*.

Dans son sens le plus fort, *bigotry* se traduit par **fanatisme** ou **sectarisme**. Ce mot peut également se rendre par **étroitesse d'esprit** ou **intolérance**. Quant au mot anglais *bigot*, on le rend généralement par **esprit borné**. Et dans certains contextes, il est toujours possible de traduire *bigot* par un terme plus précis comme **raciste**, **homophobe**, **phallocrate** ou **antisémite**.

396 — Le blush et le eye-liner sont-ils des cosmétiques et du maquillage ?

On appelle **cosmétique** ou **produit cosmétique** une substance qu'on peut appliquer sur la peau, sur les ongles ou sur les cheveux en vue de les nettoyer, de les protéger, de les maintenir en bon état ou d'en modifier l'aspect. Le **maquillage**, en revanche, est un ensemble de produits servant spécifiquement à l'embellissement du visage. Le **maquillage** fait partie des produits cosmétiques.

Mais les mots anglais *blush* et *eye-liner* sont-ils acceptables ? En fait, ces deux mots figurent dans les dictionnaires depuis les années 60, mais leur utilisation est critiquée. « Blush » est toujours considéré comme un anglicisme à éviter. En français, on devrait plutôt utiliser le terme bien connu **fard à joues**. Enfin, pour désigner le cosmétique liquide de couleur sombre, que certaines femmes utilisent pour souligner le bord de leurs paupières, on recommande de remplacer l'anglicisme « eye-liner » par le néologisme **ligneur**.

397 — Gratte, sarcloir, bêche et binette sont-ils synonymes ?

De ces quatre termes de la langue de l'horticulture, seuls **sarcloir** et **gratte** sont considérés comme des synonymes. Chez nous, le mot **gratte** est plus courant. La gratte est un petit outil muni d'un manche très court et de trois, quatre ou cinq griffes. Cet instrument tient dans la main et est spécialement conçu pour arracher avec précision les mauvaises herbes. La **gratte** est en quelque sorte le prolongement de la main.

La **bêche** est une sorte de lame d'acier large et plate, fixée au bout d'un manche. La **bêche** ressemble à une espèce de pelle carrée. On utilise cet instrument pour retourner la terre avant de l'ensemencer. Enfin, la **binette** est également un instrument à long manche. Elle sert à couper les mauvaises herbes envahissantes, à régler les distances entre les plantes cultivées en ligne et à modifier le relief au pied des plantes. La **binette** ressemble à un râteau muni d'une lame au lieu de griffes.

398 — Tous les exhibits sont-ils des artéfacts ?

« Exhibit » est considéré comme un anglicisme dans tous les contextes. Les œuvres d'art et les autres objets qu'on expose dans les musées sont des **PIÈCES D'EXPOSITION** ou des **OBJETS EXPOSÉS**. Il faut toutefois noter que ces termes appartiennent essentiellement à la langue administrative. Dans la langue générale, on parle plus volontiers de **pièces de musée**. On appelle **objet façonné**, et non « artéfact », tout produit ayant subi une transformation, même minime, par l'homme. Les vases, les statues et les autres objets que trouvent les archéologues dans leurs fouilles sont des **objets façonnés**. L'anglicisme « artéfact » est à éviter, bien qu'il soit très courant dans la langue des spécialistes. En revanche, les fossiles, les ossements et les pierres ne sont pas des objets façonnés. En effet, ces choses ont été créées naturellement, sans intervention humaine.

399 — Un logiciel peut-il être bogué ?

L'adjectif **bogué** qualifie un logiciel ou un programme informatique qui comporte un bogue. On se souviendra du fameux **bogue de l'an 2000**. **Bogue** est la graphie francisée du mot anglais *bug*, que nos amis anglophones utilisent pour désigner familièrement les insectes en général. En fait, *bug* est à peu près l'équivalent anglais de notre sympathique **bibitte**. Le terme francisé **bogue**, qui a longtemps été critiqué, se trouve maintenant dans la plupart des dictionnaires. D'ailleurs, ce mot a fait l'objet d'une recommandation officielle de l'Office québécois de la langue française.

Bien sûr, la graphie francisée **bogue** peut sembler étrange a priori. Mais rappelons-nous que les mots bien français **redingote** et **paquebot** viennent respectivement des mots anglais *riding-coat* et *packet-boat*!

400 — Au théâtre, y a-t-il une intermission ou un entracte?

Pour désigner la pause entre deux parties d'un spectacle ou deux actes d'une pièce de théâtre, « intermission » est considéré comme un anglicisme. En français, **intermission** est un mot de la langue médicale qui désigne l'interruption des effets de la douleur. Dans la langue du spectacle, on utilise plutôt le mot **ENTRACTE**. **Entracte** est masculin, comme le mot **acte**.

La majorité des noms composés avec le préfixe **entre** (ou sa forme abrégée **entr-**) conservent le genre du nom qui constitue le radical. On dira, par exemple, une **aide** et une **entraide**, une **côte** et une **entrecôte**, un **filet** et un **entrefilet**, un **pont** et un **entrepont**. Dans la plupart des dictionnaires, on ne mentionne que deux exceptions à cette règle, en l'occurrence **entrecuisse** et **entrejambe**. Étrangement, on dit une **cuisse** et un **entrecuisse**, une **jambe** et un **entrejambe**.

Bibliographie générale

Bureau de la traduction. *Termium.*

C'est-à-dire, Montréal, Radio-Canada, 1960-1994

Corbeil, Jean-Claude, et Ariane Archambault. *Le visuel: dictionnaire thématique français-anglais*, 2ᵉ éd., Montréal, Éditions Québec/Amérique, 1992, 896 p.

Dubuc, Robert. *Objectif 200: deux cents fautes de langage à corriger*, Ottawa, Éditions Leméac, 1971, 133 p.

Girodet, Jean. *Pièges et difficultés de la langue française*, Paris, Bordas, 1996, 896 p.

Grand dictionnaire encyclopédique Larousse, Paris, Larousse, 1985, 15 vol.

Grevisse, Maurice. *Le bon usage: grammaire française*, 13ᵉ éd. revue et refondue par André Goosse, Paris, Deboeck-Duculot, 1996

Guilloton, Noëlle et Hélène Cajolet-Laganière. *Le français au bureau*, 6ᵉ éd., coll. «Guides de l'Office de la langue française», Québec, Les Publications du Québec, 2005, 754 p.

Henry, Robert. *Ces mots qui font l'amour*, coll. «Le français tel qu'on le parle», Montréal, Les Éditions spécialisées Maclean-Hunter (Éditions Frison-Roche), 2000, 253 p.

Henry Robert. *L'Histoire surprenante et insolite de 322 mots*, coll. «Le français tel qu'on le parle», Montréal, Les Éditions spécialisées Maclean-Hunter (Éditions Frison-Roche), 1997, 237 p.

Henry, Robert. *Petites histoires savoureuses des mots que l'on mange*, coll. «Le français tel qu'on le parle», Montréal, Les Éditions spécialisées Maclean-Hunter (Éditions Frison-Roche), 1998, 253 p.

Le français au micro, Montréal, Radio-Canada, 1998-2005

Le petit Larousse illustré 1998, Paris, Larousse-Bordas, 1997, 1784 p.

Ménard, Louis. *Dictionnaire de la comptabilité et de la gestion financière*, Toronto, Institut canadien des comptables agréés, 1994, 994 p.

Meney, Lionel. *Dictionnaire québécois français*, Montréal, Guérin, 1999, 1884 p.

OFFICE DE LA LANGUE FRANÇAISE. *Le grand dictionnaire terminologique Que dire?*, Montréal, Radio-Canada, 1984-1994

RAT, Maurice. *Petit dictionnaire des locutions françaises*, Paris, Garnier Frères, 1968, 200 p.

ROBERT, Paul. *Le grand Robert de la langue française : dictionnaire alphabétique et analogique de la langue française*, 2ᵉ éd., ent. rev. et enrichie par Alain Rey, Paris, Le Robert, 1985, 9 vol.

ROBERT, Paul. *Le nouveau petit Robert: dictionnaire alphabétique et analogique de la langue française*, nouv. éd. remaniée et amplifiée, Paris, Dictionnaires Le Robert, 1996, 2551 p.

ROBERT, Paul. *Le petit Robert 2: dictionnaire universel des noms propres*, nouv. éd. revue, corr. et mise à jour, Paris, Dictionnaires Le Robert, 1993, 1952 p.

ROBERT, Paul. *Dictionnaire historique de la langue française*, sous la direction d'Alain Rey, Paris, Dictionnaires Le Robert, 2000, 3 tomes

ROBERT-COLLINS. *Le Robert & Collins: dictionnaire français-anglais, anglais-français Senior*, 6ᵉ, éd., Paris, Dictionnaires Le Robert, 2002, pag. variée.

SOCIÉTÉ RADIO-CANADA. Fiches du Comité de linguistique, 1960 -1994

VILLERS, Marie-Éva de. *Multidictionnaire des difficultés de la langue française*, 4ᵉ éd., Montréal, Éditions Québec / Amérique, 2003, 1542 p.

WALTER, Henriette. *L'aventure des mots français venus d'ailleurs*, Paris, Éditions Robert Laffont, 1997, 344 p.

WARNANT, Léon. *Dictionnaire de la prononciation française dans sa norme actuelle*, Paris-Gembloux, Duculot, 1987. 988 p.

Table des matières

Préface 8
1. Mettez-vous du ketchup sur vos bines? 11
2. Une grafignure est-elle plus sérieuse qu'une égratignure? 11
3. Faut-il être fumiste pour réussir un coup fumant? 12
4. Peut-on vraiment se retourner sur un dix cents? 13
5. Doit-on parler de la levée du jour ou du lever du jour? 13
6. Le golf est-il un sport sexiste? 14
7. Les overpass et les viaducs sont-ils des passerelles? 14
8. Peut-on vraiment briser des lois, des règles et des engagements? .. 15
9. Est-il prudent d'utiliser un échafaud pour peindre un mur? 16
10. Courez-vous la prétentaine, le guilledou ou la galipote? 17
11. Y a-t-il un rapport entre le verbe boire
    et les mots pourboire et déboires? 17
12. Une célébrité a-t-elle plus de prestige qu'une personnalité? 18
13. Peut-on utiliser des tables tournantes
    pour faire jouer des longs-jeux? 18
14. S'enrichit-on lorsqu'on passe à la caisse? 19
15. Employez-vous un programme de chat
    pour chatter dans les chat-rooms? 20
16. Quand on est assis sur son steak, sur quoi est-on assis au juste? 20
17. Le bifteck est-il moins anglais que le steak? 21
18. Nos routes sont-elles chaotiques ou cahoteuses? 21
19. A-t-on besoin de matière grasse pour graisser la patte à quelqu'un? ... 22
20. La pomme de terre a-t-elle plus de classe que la patate? 23
21. Faut-il être toffe pour toffer la ronne? 23
22. Faites-vous du wishful thinking? 24
23. Peut-on sabrer dans quelque chose? 25
24. Avez-vous droit à des allocations de chômage? 25
25. Un livre peut-il être disponible? 26
26. Une chose peut-elle nous questionner? 26
27. Peut-on charger quelque chose à quelqu'un? 26
28. Peut-on infliger une coupure avec un objet contondant? 27
29. Peut-on dire qu'un chanteur promouvoit son spectacle? 27
30. Une personne peut-elle être monoparentale? 28
31. Les bougies sont-elles des objets précieux? 29
32. Peut-on avoir de la misère? 29
33. Pare-chocs à pare-chocs: circulation dense ou garantie? 30
34. Où est-ce que vous allez amanché de même? 30
35. Qu'est-ce qui vous fait freaker? 31
36. Vos enfants foxent-ils l'école? 31
37. Que croquaient les croque-morts? 31
38. Doit-on dire qu'on court ou qu'on passe l'halloween? 32
39. Qu'est-ce qu'on ne ferait pas pour un bonbon... 33

40. Faut-il parler de l'été indien ou de l'été des Indiens ?........... 33
41. Est-il dangereux de piler dans une flaque d'eau ?.............. 34
42. Le poulain est-il plus poltron que la poule ?.................. 34
43. Que découpe-t-on dans les journaux ?....................... 36
44. Quelle sorte de scrap met-on dans un scrapbook ?............. 36
45. Combien existe-t-il de saveurs de crème glacée ?............... 37
46. Y a-t-il toujours de la glace dans les arénas ?.................. 37
47. Le billet est-il plus français que le ticket ?..................... 38
48. Parle-t-on trop vite lorsqu'on saute aux conclusions ?.......... 38
49. Écrapoutir et effoirer sont-ils des verbes français ?............. 39
50. Pourquoi monte-t-on sur ses grands chevaux ?................ 40
51. L'eau de Cologne est-elle une eau de toilette ?................. 40
52. Est-ce qu'on rabat les oreilles comme on rabat le caquet ?....... 41
53. Faut-il être soldat pour être basé ?........................... 41
54. Y a-t-il plusieurs sortes de mises à pied ?..................... 42
55. Votre plombier peut-il vous donner un tuyau ?................ 43
56. Faut-il mettre des moufles pour faire quelque chose à la mitaine ?... 43
57. L'âne et le coq sont-ils des animaux de basse-cour ?............ 44
58. Peut-on se faire tirer des roches ?........................... 44
59. Doit-on dire en un tournemain ou en un tour de main ?........ 45
60. Votre voiture a-t-elle un sac ou un coussin ?.................. 45
61. Peut-on vraiment parler de la violence faite aux femmes ?....... 46
62. Les poux sont-ils vraiment fiers ?........................... 47
63. Avez-vous du timing ?..................................... 47
64. Dull est-il synonyme d'ennuyant ou d'ennuyeux ?............. 48
65. Lorsqu'on dit qu'on a de la peine à joindre les deux bouts,
    de quels bouts s'agit-il ?................................... 49
66. Pourquoi tire-t-on le diable par la queue ?.................... 49
67. Est-on vraiment mieux en bas de laine qu'en bas de zéro ?...... 49
68. Faut-il sourire pour faire bonne chère ?...................... 50
69. Fait-on ripaille ailleurs que dans les châteaux ?................ 50
70. Êtes-vous toujours à votre meilleur ?........................ 51
71. Tous les trains vont-ils en enfer ?............................ 52
72. Savez-vous planter... des ordinateurs ?....................... 52
73. La patère est-elle un portemanteau ?......................... 53
74. Glisse-t-on sur une glissade ou sur une glissoire ?.............. 54
75. Doit-on parler des Jeux olympiques,
    des Olympiques ou des olympiades ?.......................... 54
76. Athènes est-elle la ville hôte
    ou la ville hôtesse des Jeux olympiques ?..................... 55
77. Vaut-il mieux être déçu que désappointé ?.................... 56
78. Les abonnés sont-ils des usagers ou des utilisateurs ?........... 56
79. Le terme anglais e-commerce a-t-il un équivalent français ?..... 57
80. Fait-on les choses en grand ou en grande ?................... 58
81. Une chanson peut-elle avoir un bon beat ?.................... 58
82. Pratiquez-vous l'autocoucounage ?.......................... 59
83. Faut-il être un homme pour faire un one-man show ?.......... 59
84. Quelle différence y a-t-il entre l'écologisme et
    l'environnementalisme ?................................... 60
85. Tous les manifestants sont-ils contestataires ?................. 61

86. Êtes-vous cinquantenaire ? ... 61
87. Votre voiture est-elle bonne pour la scrap ? ... 62
88. Le mot pattern est-il français ? ... 62
89. Le coude à coude est-il réservé aux
politiciens ou aux sportifs ? ... 63
90. Connaissez-vous le pistolet du flexible de distribution ? ... 64
91. Le flip phone est-il un portable ou un cellulaire ? ... 64
92. Peut-on avoir son voyage sans sortir de chez soi ? ... 65
93. Semi-remorque est-il un mot masculin ou féminin ? ... 65
94. Remix est-il français ? ... 66
95. L'argenterie est-elle une coutellerie en argent ? ... 67
96. Minimiser est-il synonyme de réduire et de diminuer ? ... 67
97. Peut-on se souhaiter bon matin et bon après-midi ? ... 68
98. L'argent non blanchi est-il de l'argent sale ? ... 68
99. Tout à fait est-il synonyme de oui ? ... 69
100. Combien de paires de jeans possédez-vous ? ... 70
101. Un condo peut-il couler ? ... 71
102. Faut-il être américain pour être has-been ? ... 71
103. Est-ce que ça vous tente d'apprendre quelque chose ? ... 72
104. Jusqu'à quel âge est-on baveux ? ... 72
105. Une joute de hockey se joue-t-elle à cheval ? ... 73
106. La banqueroute est-elle pire que la faillite ? ... 74
107. Où met-on la clé d'une maison lorsqu'on part à la dérobée ? ... 75
108. Ajustable est-il synonyme de réglable ou d'adaptable ? ... 75
109. Le terme jingle est-il français ? ... 76
110. Peut-on être gré à quelqu'un de quelque chose ? ... 76
111. Des personnes peuvent-elles se ramasser ? ... 77
112. Sè et ne sont-ils des chiffres ? ... 78
113. Moi, pour un, les anglicismes m'agacent, pour dire le moins ... 78
114. Une voiture peut-elle rouler à 200 kilomètres-heure ? ... 79
115. Le verbe gricher appartient-il à la langue de l'électronique
ou à la langue de la coiffure ? ... 80
116. Quel rapport y a-t-il entre l'alcool, le sucre et le magasin ? ... 80
117. Tout ce qui est divertissant est-il distrayant ? ... 81
118. À quel mode doit-on conjuguer le verbe
qui suit la locution il semble que ? ... 81
119. Les gens d'affaires ont-ils des attachés-cases ? ... 82
120. Une entreprise peut-elle offrir une pléiade de services ? ... 83
121. Les mots laitue et salade sont-ils synonymes ? ... 83
122. Doit-on caller les shots avant le last-call ? ... 84
123. Une femme peut-elle se dire self-made man ? ... 84
124. Êtes-vous une personne glamoureuse ? ... 85
125. Avez-vous déjà rencontré un problème ? ... 86
126. Une maladie peut-elle être infectueuse ? ... 87
127. Les portes pliantes sont-elles des portes accordéons ? ... 87
128. Peut-on patcher un mur ? ... 88
129. Trouve-t-on des patates chaudes ailleurs que dans les assiettes ? ... 88
130. Y a-t-il des champignons venimeux dans nos forêts ? ... 89
131. Est-ce qu'on devrait utiliser la formule est-ce que ? ... 89
132. Le zappeur zappe-t-il avec une zapette ? ... 90

133. Avez-vous de quoi à nous demander?........................ 91
134. Peut-on parler d'un ordinateur de 3 000 dollars?............. 91
135. Peut-on dire de quelqu'un qu'il est vite en affaires?........... 92
136. Tout ce qui est sinistre est-il funeste?....................... 93
137. Un homme peut-il faire des montées de lait?................ 93
138. Se met-on sur son 31 ou sur son 36?....................... 94
139. Dépose-t-on quelque chose à terre ou par terre?............. 95
140. Le père noël apporte-t-il vraiment des bébelles?............. 95
141. Le fichu, le foulard et l'écharpe couvrent-ils
     les mêmes parties du corps?.............................. 96
142. Comment appelle-t-on le fait de tordre le bras à quelqu'un?.... 97
143. L'œil est-il aussi précieux que le bras ou la jambe?............ 97
144. Le cierge est-il une chandelle et la chandelle est-elle une bougie?... 98
145. L'influenza est-elle pire que la grippe?...................... 99
146. La neige des pistes de ski est-elle tassée ou damée?........... 100
147. Une affaire criminelle peut-elle être froide?................. 100
148. Un homme peut-il porter une sacoche?..................... 101
149. Que fait-on au juste avec un barda?........................ 101
150. Faut-il dire à ce stade-ci ou à ce stage-ci?................... 102
151. Cherchez-vous toujours la petite bête noire?................ 103
152. La beauté donne-t-elle de l'appétit?........................ 103
153. Doit-on dire trois heures quart,
     trois heures un quart ou trois heures et quart?............... 104
154. Peut-on faire une embardée sans se retrouver dans le décor?..... 104
155. Tous les problèmes sont-ils des problématiques?............ 105
156. Peut-on vraiment se peinturer dans un coin?................ 106
157. La boucane fait-elle du boucan?........................... 106
158. Est-on traqué lorsqu'on a le trac?.......................... 107
159. Quelle différence y a-t-il entre la grandeur,
     la taille, la pointure et le point?........................... 107
160. Lorsqu'on dit qu'on n'est pas dans son assiette,
     de quelle assiette s'agit-il?................................ 108
161. La plogue est-elle efficace?................................ 108
162. Un pneu peut-il exploser?................................. 109
163. Les workaholics travaillent-ils en français?................. 109
164. Doit-on dire qu'on réduit quelque chose au maximum
     ou au minimum?.. 110
165. Êtes-vous trendy ou fashion?.............................. 111
166. Quand ça ne va pas, est-ce qu'on file un mauvais cocon
     ou un mauvais coton?.................................... 111
167. Doit-on parler d'un hôpital francophone
     ou d'un hôpital français?................................. 112
168. Est-il plus prudent de rouler à
     contresens qu'en sens inverse?............................ 112
169. Y a-t-il une nuance entre les locutions
     au travers de et à travers?................................. 113
170. Quel rapport y a-t-il entre le baiser,
     le patinage et la lettre x?.................................. 113
171. Les entraîneuses sont-elles des femmes aux mœurs douteuses?... 114
172. Faut-il se méfier des liaisons dangereuses?.................. 115

173. Faut-il prononcer ètt ché-té-ra ou ètt sé-té-ra ? 116
174. La mode peut-elle faire des victimes ? 116
175. Les zéros sont-ils héroïques ? 117
176. Un vendeur peut-il être agressif ? 118
177. Zéro est-il un chiffre ? 118
178. Un couteau mal emmanché branle-t-il dans le manche ? 119
179. Êtes-vous dû pour des vacances ? 119
180. Un problème peut-il être dû à quelque chose ? 120
181. Cheap est-il un mot français ? 120
182. Est-il bon de se faire dorer la pilule ? 121
183. Un mauvais conducteur mérite-t-il des points de démérite ? ... 121
184. Peut-on vraiment faire un fou de soi ? 122
185. Discrimination, racisme et ségrégation sont-ils synonymes ? ... 122
186. Avez-vous hâte aux vacances ? 123
187. Les agences de voyages ont-elles des prétentions littéraires ? ... 123
188. L'impotence est-elle plus tragique que l'impuissance ? 124
189. Avez-vous la bosse de la vitesse ? 124
190. Les rôties sont-elles plus françaises que les toasts ? 125
191. Peut-on entendre ce qui est inouï ? 125
192. Faut-il être majeur pour se présenter à un bar à salades ? 126
193. Qui veut éternuer sur la salade ? 126
194. Le déodorant peut-il nous garder au sec ? 127
195. Peut-on appliquer pour une position ? 127
196. Faut-il être ingénieur pour paver la voie ? 128
197. Les pléonasmes sont-ils tous vicieux ? 128
198. Savez-vous si ceci dit se dit ? 129
199. Le mot décade est-il un anglicisme ? 130
200. Lorsqu'on dit qu'on veille au grain, de quel grain s'agit-il ? 130
201. Doit-on dire un garde-robe ou une garde-robe ? 131
202. Peut-on aider à quelqu'un et toucher à quelque chose ? 131
203. Votre bébé a-t-il un carrosse ou un pousse-pousse ? 132
204. Remise, hangar, débarras et cabanon sont-ils synonymes ? 133
205. Tire-t-on les marrons du feu lorsqu'on sauve les meubles ? 133
206. Inclus, exclu et conclu, quand faut-il mettre un s ? 134
207. Le diable est-il vert ? 134
208. Sait-on vraiment ce qu'est un cossin ? 135
209. Existe-t-il des secrétaires illégales ? 135
210. Quel rapport y a-t-il entre le savon et les téléromans ? 136
211. En tout et partout est-elle une expression reconnue ? 137
212. Toutes les bouchées sont-elles des mordées ? 137
213. Êtes-vous déjà allé aux Trois-Rivières et à Les Cèdres ? 138
214. Peut-on taponner sans toucher ? 139
215. Les sparages sont-ils violents ? 139
216. Les droits de l'homme et les droits de la personne
     sont-ils des droits humains ? 139
217. De quel genre sont les ratés de votre voiture ? 140
218. Vaut-il mieux faire preuve d'humanisme,
     d'humanitarisme ou d'humanité ? 141
219. Quelle différence y a-t-il entre une barricade,
     un barrage et un blocus ? 141

220. Existe-t-il une heure spécifique pour faire des affaires ? 142
221. De nos jours, peut-on vraiment se fier sur quelqu'un ? 142
222. Faut-il être marin pour passer la vadrouille ? 143
223. La chirurgie peut-elle être élective ? 144
224. Toutes les divas sont-elles des primas donnas ? 144
225. Peut-on dormir dans la salle de bain ? 145
226. Y a-t-il du crémage sur votre gâteau de fête ? 145
227. Comment traduire les mots anglais sequel et prequel ? 146
228. Comment trouvez-vous le look des gens lookés ? 147
229. Le conseil municipal est-il un conseil de ville ? 147
230. Peut-on souhaiter à quelqu'un de passer une bonne journée ? 148
231. Qui fut la première personne née par césarienne ? 148
232. Quand on tombe dans le panneau, de quel panneau s'agit-il ? 149
233. Souffrez-vous d'une addiction ? 150
234. Le greasy spoon est-il un ustensile ? 150
235. Pourquoi tombe-t-on dans les pommes
plutôt que dans les bananes ? 151
236. Faut-il être un dealer pour dealer avec quelqu'un chose ? 151
237. La payola est-elle un retour d'ascenseur ? 152
238. La serviette de plage est-elle une serviette de bain ? 152
239. Est-il vraiment prudent de se faire griller ? 153
240. Êtes-vous loquace ou lokouasse ? 154
241. Doit-on dire qu'on a les yeux grand ouverts ou grands ouverts ? .. 154
242. Les termes enquête, investigation et sondage sont-ils synonymes ? .. 155
243. Y a-t-il des hindous aux Indes ? 155
244. Quelle est la forme masculine de l'adjectif pécuniaire ? 156
245. Les bottines sont-elles spirituelles ? 157
246. Le gambler est-il plus compulsif que le joueur ? 158
247. Le vaudeville est-il une forme burlesque de music-hall ? 159
248. Pourquoi le mot poêle a-t-il les deux genres ? 159
249. Doit-on dire à Sri Lanka ou au Sri Lanka ? 160
250. Doit-on parler de la Birmanie ou du Myanmar ? 160
251. Un black-out est-il une panne d'électricité
ou une panne de courant ? 161
252. Vaut-il mieux séduire, aguicher ou allumer ? 162
253. Le meurtre est-il plus grave que l'homicide et l'assassinat ? 162
254. Peut-on changer un tchèque qui a rebondi ? 163
255. Peut-on vraiment assumer quoi que ce soit ? 164
256. Tous les buildings sont-ils des gratte-ciel ? 164
257. Quelle différence y a-t-il entre les verbes distancer et distancier ? .. 165
258. La délinquance est-elle réservée
aux jeunes des écoles de réforme ? 166
259. Y a-t-il des traducteurs aux Nations Unies ? 166
260. Temps supplémentaire est-il synonyme de surtemps ? 167
261. Quel appareil utilise-t-on pour puncher ? 167
262. Faut-il toujours de l'argent pour acheter quelque chose ? 168
263. Une bonne nouvelle peut-elle rendre extatique ? 168
264. La sollicitation se fait-elle de porte à porte
ou de porte en porte ? 169
265. Avoir le motton est-il signe de tristesse ou de richesse ? 170

266. Les fans sont-ils plus enthousiastes que les supporters?....... 170
267. Les représentations qu'on fait auprès d'un organisme sont-elle vraies ou fausses?............................. 171
268. Un athlète professionnel peut-il être échangé à une équipe sportive?.......................... 172
269. Faut-il être dans une voiture pour fesser dans le dash?....... 172
270. Tous les couturiers sont-ils des designers?.................. 173
271. Peut-on faire du tourisme ailleurs qu'en France?............ 173
272. Techniquement, peut-on employer l'adverbe techniquement?.... 174
273. Doit-on dire : c'est eux ou ce sont eux?.................... 175
274. Avez-vous déjà été acculé au pied du mur?.................. 175
275. Un tour d'applaudissements est-il plus prestigieux qu'une simple main d'applaudissements?................... 176
276. Une personne peut-elle être compensée pour une perte?..... 176
277. Avez-vous un mari, un conjoint ou un époux?............... 177
278. Un juge peut-il nous exonérer de tout blâme?.............. 178
279. Êtes-vous une personne notable ou notoire?................ 178
280. La planche à neige est-elle plus française que le surf des neiges?................................ 179
281. Écoutez vous l'émission XYZ, du lundi au vendredi, 23 h 30?........................... 180
282. Fait-on la lutte au tabac comme on fait la lutte au terrorisme?.... 181
283. Le stool est-il un porte-panier ou un panier percé?.......... 181
284. Faut-il être distingué pour être snob?..................... 182
285. Combien faut-il d'euros pour qu'euro prenne la marque du pluriel?............................. 182
286. Poignez-vous pourquoi les hommes poignés ne poignent pas?... 183
287. Prendriez-vous un bon refill de café?...................... 185
288. Qu'y a-t-il au juste entre chien et loup?.................... 186
289. Connaissez-vous le café irrégulier?........................ 187
290. Peut-on mettre une personne sur une tablette?............. 187
291. Utilisez-vous une pompe ou un aérosol?................... 188
292. Connaissez-vous les majors?.............................. 189
293. Faut-il être musicien pour faire face à la musique?.......... 189
294. Bach a-t-il déjà composé une fugue en D mineur?........... 190
295. Que s'est-il passé au juste en l'an 40?..................... 191
296. Un véhicule à traction arrière est-il moins sécuritaire en hiver?......................... 191
297. Les spationautes, les cosmonautes et les taïkonautes sont-ils des astronautes?................................ 192
298. Existe-t-il un rapport entre les adjectifs luxueux, luxurieux et luxuriant?................................ 193
299. Existe-t-il des trous de personne?......................... 193
300. Un employé peut-il obtenir une promotion à cause de son bon travail?.............................. 194
301. Peut-on démotionner un employé?....................... 194
302. La littératie est-elle une forme d'alphabétisation?........... 195
303. Ce dimanche viendra-t-il avant dimanche prochain?........ 195
304. La réingénierie est-elle plus française que le reengineering?... 196
305. Les personnes qui ont fait des études graduées sont-elles elles-mêmes graduées?........................ 197

306. Peut-on chauffer un char?............................... 197
307. Que trouve-t-on au juste dans une mercerie?............... 198
308. Les chèvres aiment-elles les bouquins?.................... 199
309. Tout ce qui est au sud est-il nécessairement dans le sud?...... 199
310. Rempirer ou rempironner : quel verbe est le moins pire?..... 200
311. Le cocooning est-il toujours volontaire?................... 200
312. Vaut-il mieux se féliciter ou se congratuler?................ 201
313. Avez-vous plus d'amis que d'amies?....................... 202
314. Les ascenseurs ont-ils des cages ou des cabines?............. 202
315. Vaut-il mieux vivre dans un coqueron ou dans une cambuse?.... 203
316. Qu'arrive-t-il lorsqu'on laisse
    une can de liqueur sur un rond de poêle?.................. 203
317. Peut-on vraiment initier quelque chose?................... 204
318. Peut-on caler une bière?................................ 205
319. Faut-il un flambeau pour faire une vigile?................. 205
320. Le maquereau est-il plus vicieux que les autres poissons?...... 206
321. Le péché originel est-il original?......................... 207
322. Les pôles soutiennent-elles les rideaux ou les skieurs?........ 207
323. Doit-on mettre le zéro devant les chiffres inférieurs à 10
    dans la notation de l'heure?............................. 208
324. Peut-on entraîner les professionnels?...................... 208
325. Peut-on faire des fautes dans la langue de l'assurance?....... 209
326. Qui habite le Niger et le Nigeria?......................... 209
327. Peut-on faire quelque chose à la vapeur?................... 210
328. Connaissez-vous le Youtâ?............................... 211
329. Un chœur est-il une chorale et un choral est-il un chœur?.... 211
330. Feriez-vous trois milles à genoux dans la gravelle
    pour obtenir quelque chose?............................. 212
331. Un objet kitsch est-il rétro ou ringard?.................... 213
332. Dissous et dissolu sont-ils synonymes?.................... 213
333. Nos écoliers préfèrent-ils les frites ou les beignes?........... 214
334. Achète-t-on l'essence dans les garages
    ou dans les stations-service?............................. 214
335. Faut-il payer le péage?.................................. 215
336. Une voie d'autoroute change-t-elle de nom en fonction
    du nombre de passagers des voitures?..................... 215
337. La pêche blanche est-elle un sport ou un fruit?............. 216
338. Peut-on dire qu'on prend la 22
    quand on prend l'autobus numéro 22?.................... 216
339. La traîne est-elle vraiment plus sauvage
    que le traîneau ou la luge?............................... 217
340. Un policier peut-il nous remettre un billet de stationnement?.... 218
341. Que lave-t-on au juste dans la lessiveuse?.................. 218
342. Un athlète peut-il remporter
    une troisième médaille en autant de jours?................ 219
343. Le cachou est-il beige ou grège?.......................... 219
344. Faut-il un canon pour causer une bordée de neige artificielle?.... 220
345. Les acteurs de chez nous accotent-ils les acteurs européens?... 221
346. La vanité est-elle dans la chambre à coucher
    ou dans la salle de bain?................................ 221

347. Peut-on courir après les troubles mécaniques ? 222
348. Les crasses sont-elles plus graves que les crosses ? 223
349. Le lac Louise est-il en Alberta ? 223
350. Le cocu est-il un oiseau à cornes ? 224
351. Le terme musher est-il français ? 225
352. Est-il plus dangereux de manger une volée ou une dégelée ? ... 225
353. Le colifichet est-il plus précieux que le bibelot et la babiole ? ... 226
354. Le cristal est-il une sorte de verre ou de vitre ? 227
355. Fauteuil, canapé, divan, sofa : quelle différence ? 227
356. Le curio est-il un buffet ou un bahut ? 228
357. Peut-on vraiment célébrer l'anniversaire
  d'un événement tragique ? 229
358. Monte-t-on sur un lift pour faire son changement d'huile ? ... 229
359. Je suis sous l'impression que vous n'achetez pas ce que je dis.
  Ai-je raison ? 230
360. Invoquer ou évoquer, où sont les nuances ? 231
361. Tous les malades sont-ils des patients
  et tous les patients sont-ils des bénéficiaires ? 231
362. Les maladies dont on est atteint nous font-elles souffrir ? 232
363. Le jour pointe-t-il ou point-il ? 232
364. Peut-on introduire une personne à une autre ? 233
365. Connaissez-vous la librairie du Congrès ? 234
366. Un spectacle peut-il être à guichet fermé ? 235
367. Une émission peut-elle tenir l'antenne ? 235
368. Peut-on faire des anglicismes dans les onomatopées ? 235
369. Que dilate-t-on au juste quand on se dilate la rate ? 236
370. Un Boeing sept-quarante-sept a atterri sur
  l'autoroute quatre-quarante. Trouvez l'erreur ! 237
371. L'adjectif kosher est-il cacher ? 237
372. Au meilleur de votre connaissance,
  faites-vous de la haute pression ? 238
373. La bague, l'anneau, le jonc et l'alliance sont-ils des bijoux ? 239
374. Connaissez-vous l'imagisme, le capacitisme et le classisme ? ... 239
375. Ce qui est distrayant est-il gênant ou divertissant ? 240
376. Peut-on vraiment parler à travers un chapeau ? 241
377. Devant ouate, ouananiche et ouaouaron,
  quel article faut-il utiliser ? 242
378. Un test sanguin est-il un test médical ? 242
379. La gentrification est-elle pire que l'embourgeoisement ? 243
380. Peut-on vraiment avoir son gâteau et le manger ? 244
381. Une équipe sportive peut-elle se raplomber ? 244
382. Dans la lutte contre la pollution, doit-on dire que la Belgique
  et la France ne font qu'un ou ne font qu'une ? 245
383. Peut-on avoir un ver dans l'oreille ? 246
384. Avez-vous déjà fait des vôtres ? 246
385. Où peut-on poser le geste de se faire poser ? 247
386. Quel rapport y a-t-il entre les clowns et l'agriculture ? 248
387. Les problèmes ont-ils des adresses ? 248
388. Faut-il dire bal de graduation ou bal des finissants ? 249
389. Capable et susceptible sont-ils synonymes ? 250

390. Comment traduit-on widescreen TV ? 250
391. Comment appelle-t-on le véhicule qu'on utilise
    pour remorquer les voitures ? 251
392. Madame, votre fille est-elle des plus belle ou des plus belles ? 252
393. Connaissez-vous les pulp magazines ? 252
394. Utilisez-vous un bac de récupération ou un bac de recyclage ? 253
395. La bigoterie est-elle un péché ? 254
396. Le blush et le eye-liner sont-ils des cosmétiques
    et du maquillage ? 254
397. Gratte, sarcloir, bêche et binette sont-ils synonymes ? 255
398. Tous les exhibits sont-ils des artéfacts ? 256
399. Un logiciel peut-il être bogué ? 256
400. Au théâtre, y a-t-il une intermission ou un entracte ? 257

CET OUVRAGE
COMPOSÉ EN MINION CORPS 12 SUR 14
A ÉTÉ ACHEVÉ D'IMPRIMER
EN MARS DE L'AN DEUX MILLE SIX
PAR LES TRAVAILLEURS ET TRAVAILLEUSES
DE TRANSCONTINENTAL GAGNÉ À LOUISEVILLE.
POUR LE COMPTE DE LANCTÔT ÉDITEUR

IMPRIMÉ AU QUÉBEC (CANADA)